준비된 교사가 아름답다

2쇄 발행: 2003년 2월 1일

지은이: 기독교사연합

펴낸이: 이 재 옥

펴낸곳: 좋은교사

출판등록번호 제 15-476호

주소: 151-846 서울시 관악구 봉천 4동 1571-19 대일 빌딩 3층

전화: (02) 876-4078

팩스: (02) 879-2496

홈페이지: goodteacher.org

이메일: kact@chollian.net

값: 4000원

Printed in Korea 2002

ISBN 89-953188-2-1

준비된 교사가
아름답다

기독교사연합 지음

좋은교사

이 책을 펴내며

"대학 시절은 인생에 있어서 정말 중요한 시기다." 대학 시절을 거친 사람이면 누구나 공통적으로 하는 고백이다. 하지만 실제로 이렇게 중요한 시기를 제대로 알차게 보냈다는 사람을 찾기는 그리 쉽지 않다. 통제된 고등학교 시절을 벗어나 처음 맞는 자유를 어떻게 사용해야 할지 몰라 허둥대고, 자신이 누구이며 인생을 어떻게 살아야 하는 지에 대한 방향을 찾지 못해 방황하고, 각종 쾌락과 유혹에 넘어지기도 하고, 미래에 대한 불안감으로 인해 쫓기는 삶을 살다보면 특별히 갖춘 것도 없이 시간만 보내는 경우가 많다. 이러한 경향은 고등학생 때까지 하나님을 인격적으로 만나지 못한 대부분의 기독대학생들도 마찬가지다.

고등학생 때까지 하나님을 인격적으로 만난 경험이 있거나 대학 생활을 통해 하나님을 만난 대학생들은 이들과는 질적으로 다른 삶을 산다. 이들 역시 고민하고 방황하고 힘들어 하지만 이들의 고민은 구원받은 자로서 하나님이 주신 귀한 대학 시기를 어떻게 하면 가장 알차고 의미있게 보낼 수 있을까 하는 것이다. 하지만 이러한 고민두 먼저 이러한 고민을 거친 신앙 선배들의 도움과 인도를 받지 못하면 많은 시행착오를 하고 불필요한 부분에 시간을 낭비하게 된다.

이 책은 기독대학생, 그 중에서도 교사가 되기 위해 교대·사대에 입학한 학생들의 생활과 훈련 지침서로 쓰여졌다. 교대와 사대에서 기독 대학생으로 생활하고 훈련받는 사람들이 수 만 명이 넘는다. 이 중에서 수천 명의 학생들이 해 마다 학교로 배출되고 있지만, 아이들의 영혼과 교육에 자신을 드리며 그 가운데서 변화의 능력을 나타내는 기독교사로 성장해 가는 사람을 찾기가 쉽지 않다. 이러한 상황에 대한 안타까움에서 이 책이 쓰여지게 되었다. 이 책은 기독인 사대·교대생들이 예비기독교사로서의 정체성을 가지고 대학 시절에 하나님께 자신을 드리며 온전히 훈련을 받는 것이 개인에게는 물론이고 이 땅의 교육을 위해서도 무엇보다 절실하게 필요하다는 문제 의식에서 나왔다.

"지금 기독예비교사들이 가장 절실하게 요구하고 있고, 필요로 하는 주제는 무엇일까?" 대학 시절을 돌아보며 선배들이 내린 공통된 결론은 '소명', '영성', '전문성', '공동체' 였다. 그래서 이 네 가지 큰 주제를 골격으로 하여 각 주제마다 반드시 실천해야될 실천 지침을 20가지로 정리했다. 그리고 각 실천주제마다 4~7가지의 실천 방법을 제시했다. 하나님을 인격적으로 만나고 예수 그리스도를 구주로 고백하는 예비 기독교사 라면 누구든 이 4가지 주제, 20가지 실천 지침을 잘 따라 순종하기만 하면 능력 있는 기독교사로 세워져 갈 수 있도록 내용을 구성했다.

'준비된 교사가 아름답다'의 20가지 실천지침은 능력 있는 기독교사로 세워져가기 위해 반드시 필요한 지침이지만 예비교사가 이 모든 내용을 한꺼번에 다 실천하기는 쉽지 않을 것이다. 자신의 상황에 맞게 몇 가지라도 실천해 가면서 그 실천의 영역을 확장할 수 있을 것이다. 그리고 어떤 지침들은 학교 현장에 나와서 완성될 것이다. 하지만 중요한 것은 이러한 큰 틀을 기준으로 삼아 늘 가까이 나아가도록 노력할 수 있으면 좋겠다.

　이 책은 기본적으로 개인의 지침서로 만들어졌다. 그래서 각 개인이 시간을 두고 묵상하면서 자기 삶에 적용하고 삶을 계획하는 용도로 사용하면 좋을 것이다. 하지만 교회나 선교단체, 교육 소모임에서 훈련 교재나 소그룹 교재로 사용해도 무방하다. 이 책의 실천 지침과 방법을 서로 나누고 실천을 점검해주며 기도해주는 가운데 더 견고하고 아름다운 기독교사로 세워져 갈 수 있을 것이다. 어떤 방법이든 이 책을 통해 대학 생활을 허비하지 않고 충분히 훈련되고 준비된 교사로 아름답게 교단에 나오는 모습을 보기를 소원해 본다.

2002년 8월 6일　기독교사연합

CONTENTS

제 1부. 소명

제 2부. 영성

제 3부. 전문성

준 . 비 . 된 . 교 . 사 . 가 . 아 . 름 . 답 . 다

제 1 부
소명

1. 교사가 자신의 부르심인지 끊임없이 묻고 확인해 가라

2. 성경적인 교사상을 정립하라

소명

교대와 사대는 교사를 양성하기 위한 특수 목적 대학이다. 그러기에 교사에 대한 분명한 소명을 가진 사람이 입학을 해야 한다. 하지만 불행히도 우리의 상황은 고등학생 때 분명한 소명을 갖고 대학을 지원하는 사람은 극소수에 불과하다. 일반 대학의 경우 진로 선택의 폭이 비교적 넓기 때문에 대학 생활 전체를 통해서 이 고민을 하면 되지만 교대와 사대는 처음부터 뚜렷한 목표를 향해 교육과정이 짜여져있기 때문에 소명에 대한 분명한 확신이 없으면 시간과 정력의 낭비를 낳게 마련이다.

기본적으로 소명은 자신의 직업적인 부르심에 한정되지 않는다. 하나님은 자기 백성을 죄와 어두움 가운데서 부르셔서 빛의 자녀, 왕 같은 제사장, 거룩한 나라, 그의 소유된 백성의 모습으로 이끌어 가신다. 그의 부르심의 핵심은 하나님을 온전히 신뢰하고 따르는 그 분과의 관계이며 또한 거룩하고 흠이 없는 하나님 백성으로서의 품성이다. 직업적인 부르심은 이러한 부르심을 이루어 가기 위한 중요한 터전으로서의 의미를 갖는다. (직업 외에도 가정, 교회 등이 중요한 터전이 된다) 우리는 하나님이 부르신 직업의 터를 발견하고 그 가운데서 일함을 통해 하나님을 더욱 신뢰해가며 인격을 다듬어가며 그 분야에서 하나님의 나라를 확장해가는 역할을 한다.

부르심은 단회적이 아니라 지속적으로 이루어진다. 그러기에 한 번 부르심에 대한 확신을 얻었다고 해서 부르심의 문제가 끝난 것이 아니라 자신의 가치관과 인생관 세계관을 확립해 가며 지식과 교양을 쌓아가는 가운데서 끊임없이 묻고 확인해 가야 한다. 이 가운데서 부르심의 내용들이 더 깊어지고 넓어지지만 때로 바뀌기도 한다. 그렇다고 해서 전에 얻은 확신이 의미없는 것이 아니라 전에 가졌던 확신을 바탕으로 되물음의 과정을 통해 더 깊게 나아가는 것이다. 때로 자신이 전에 얻었던 확신을 뒤흔드는 새로운 상황의 변화나 생각의 변화가 올 때, 전에 가졌던 그 확신과 인도의 연장선에서 이루어지는 것이다.

교대나 사대생으로서 교직에 대한 부르심을 고민할 때 우선 자신이 교대나 사대에 들어와서 공부를 하고 있다는 사실 자체에서 출발할 필요가 있다. 자신이 어떤 동기로 들어왔던 여기에는 하나님의 뜻과 의도가 개입되어 있다는 것을 기억할 필요가 있다. 하나님의 인도에는 우연이 없기 때문이다. 그렇지만 교대나 사대에 들어왔다는 사실 자체가 반드시 교사로 불렀다는 것을 의미하지는 않는다. 하나님이 다른 뜻이 계셔서 교사로서의 교육을 받게 하실 수도 있기 때문이다. 그렇기 때문에 하나님이 과연 자신을 교사로 부르셨는지에 대해 하나님께 끊임없이 묻고 매달리는 과정이 필요하다. 이렇게 간절히 묻고 매달릴 때 하나님은 말씀과 기도, 묵상, 설교, 선배들이나 친구들과의 대화, 책, 강의, 교생실습, 주일학교 교사 경험 등을 통해 조금씩 인도하시고 확신을 주신다.

교직에 대한 부르심을 확인하는 과정은 하나님 앞에서 정직하고 철저하게 이루어져야 한다. 어떤 사람들은 대학 4년 내내 교직으로의 부르심에 대한 확신을 얻지 못하기도 한다. 이 경우 이러한 불확실한 마음을 그대로 가지고 하나님께 매달려야지 거짓되게 혹은 대충 확신을 인위적으로 만들어 가려고 해서는 안 된다. 이 때는 자신을 교직으로 부르지 않았다는 분명한 확신이나 다른 직업으로 불렀다는 분명한 확신이 없는 한 일단 교직을 준비하고 교직으로 나가는 것이 옳다. 왜냐하면 지금까지 교대나 사대로 입학하게 하고 그곳에서 배우게 하신 하나님의 뜻이 무효화되지 않았기 때문이다. 많은 선배교사들이 실제로 교직에 나와서 아이들과 생활하고 부대끼는 가운데서 소명을 발견하기도 한다. 그렇다고 해서 대학 시절 자신의 소명을 놓고 하나님께 매달리고 확신을 구했던 시간이 무의미한 것이 아니고 교직에서 얻은 확신을 더 깊게 하는 역할을 하는 것이다.

교직에 대한 자신의 부르심을 확인하는 것과 동시에 이루어져야할 작업은 그 부르심의 내용을 채워가는 작업이다. 즉 어떤 교사가 될 것인가 하는 교사상에 대한 정립이 필요하다. 하나님이 자신을 교사로 불렀다면 하나님이 자신에게 원하시는 교사의 모습이 있을 것이기 때문이다. 그리고 이러한 교사상에 비추어 자신의 남은 대학 생활에서 그런 교사가 되기 위한 구체적인 준비와 훈련을 받을 수 있다. 이러한 모습은 자신의 초중고 학교 생활을 돌아보면서 긍정적이든 부정적이든 기억에 남는 교사들의 모습에서 찾을 수도 있고, 말씀에서, 교육학 책에서, 선배 교사들의 삶에서 찾을 수도 있다. 하여간 예비교사 시절에는 이러한 교사상을 최대한 이상적으로 그릴 필요가 있다. 실제로 교직에 나가면 자신이 대학 때 꿈꾸었던 교사의 모습을 다 이룰 수는 없지만 대학 시절 꾸었던 꿈이나 대학 시절 가슴에 품고 간절히 사모했던 그 모습은 일평생 교사 생활의 거울이 된다. 혹 교사를 하면서 현실에 물들고 나태해질 때도 대학 시절 자신이 하나님께 이런 교사가 되겠다고 서원하고 꿈꾸며 다짐했던 그 모습에 비추어 자기를 반성하며 하나님 앞에서 마음을 새롭게 하기 때문이다.

하나님 앞에서 자신에게 주어진 한 가지 길을 발견하고 걸어간다는 것은 더 없이 귀한 일이지만 우리의 마음 속에는 늘 "가지 못한 길에 대한 아쉬움"이 남기 마련이다. 그리고 이 미련 때문에 한 가지를 선택하는데 주저하기도 한다. 하지만 우리 인생은 어차피 한 가지를 하고 살 수 밖에 없다. 자신에게 주어진 은사와 소명을 따라 한 가지 일에 충성을 다할 때 그 일을 통해 시대와 세계를 통찰하고 기여하는 삶을 살 수 있지만 여러 가지 일에 기웃거리는 삶은 아무 열매도 맺을 수 없다. 또 다른 면에서 모든 일은 그 자체로 하나의 세계를 품고 있다는 것이다. 교사의 길도 크게 보면 하나의 일이지만 그 속에는 세상의 모든 다양한 영역을 다 품고 있는 종합 예술이다. 이 가운데서 자신이 하고 싶었던 다양한 일을 다 할 수가 있다. 무엇보다 '교사의 영광'에 대해 깊게 묵상하고 확신할 필요가 있다. 자라나는 아이들의 영혼과 인생을 맡아 기르고 지도하는 이 일의 의미를 분명하게 붙잡을 때 그 어떤 대가나 희생이 있더라도 기쁘게 이 일을 붙잡을 수가 있다.

|간|증|

불평할 수 없는 이 가슴 벅찬 부르심   양백미 (대구 황금초)

　오늘도 태원이(가명)와 씨름을 하다 왔다. 자폐성향이 있는 태원인 요즘 들어 부쩍 과격한 행동을 일삼고 도무지 자리에 앉아 있질 않는다. 괴성을 지르며 복도를 휘젓고 다니는 아이에게 나는 그저 무능한 담임일 따름이다. 퇴근하고 집으로 돌아오며 또다시 한숨 짓는 내 자신. '작년엔 도난사고 때문에 1년 내내 고생했는데 올해는 자폐아야! 휴~'

　집에 들어와 휴식을 취하며 나는 과거로의 여행을 떠나보기로 했다. 지난 겨울, 신규 교사로서 학교 생활에 고군분투하다가 지칠 대로 지친 영혼을 추스르기 위해 찾아간 교사모임. '은혜로 사는 삶'이라는 제목의 설교를 들려주셨던 강도사님께선 이런 말씀을 하셨다. 의사가 '왜 나한텐 맨날 아픈 사람만 찾아오나?'라고 불평할 수 있겠느냐, 아픈 사람을 고쳐주기 위해 의사가 존재하는 것처럼, 부족한 아이들이 있기에 교사가 존재한다는 내용이었다. 그때 그 첫 모임에서 얼마나 많은 눈물을 흘렸는지.... 대학 시절 그토록 소망하던 교사가 되었다는 기쁨보단 학급경영과 학교업무로 인한 고민과 스트레스를 잔뜩 안고 있던 내게 하나님께선 다시 한번 기독교사로서의 삶을 일깨워주시는 것 같았다.

　기독교사. 내 마음 속에 새기기 시작했던 때는 대학교 3학년 겨울방학이었다. 그때까지 나는 교원대학교에 들어왔으니 학과 공부 열심히 해서 임용고사에 합격하면 교사가 된다는 막연한 생각으로 대학 생활을 보냈었다.

"왜 선생님이 되려고?" 라는 질문에, 그저 아이들을 좋아하고 가르치는 일이 정말 보람 있을 것 같다는 식의 평이한 대답을 했던 나였다. 3년간 대학 생활을 통해 이것저것 배우고 경험하는 것들이 나름대로 좋은 선생님이 되기 위한 준비란 생각이 들었었다. 그렇지만 확고한 비전이 실리지 않은 열정은 오래 가지 못하고 금방 시들해지곤 했다. 4학년을 바라보면서 '내가 이 다음에 어떤 교사가 되어있을까?' 라는 기대는 점점 '내가 왜 교사가 되어야 하는가.' 라는 근본적인 질문으로 바뀌어갔고, 이는 나를 무척이나 답답하고 초조하게 만들었다.

3학년 겨울방학. 임용고사 준비의 중요한 시기라는 그 때에 나는 천금보다 귀한 것을 접하게 되었다. 친구들과 함께 찾은 인천교대 담장 안에 걸려 있던 문구. "하나님은 당신을 교사로 부르셨습니다." 그 짧은 문장이 전해주는 여운은 이루 말할 수 없었다. 그것이었다. 하나님께서 나를 교사로 불러주셨다는 것. 교사로서 갖추어야 할 많은 것들을 나름대로 채우려했던 지난 날의 열정들도 하나님께서 나를 다른 곳이 아니 교사의 자리에 서도록 이끄시는 과정이 아니었을까? 하나님께서 나를 불러주셨기에 내가 교사가 되기를 소망할 수 있고 그 소망을 향해 한걸음씩 나아가고 있는 것이라 믿게 된 것이다.

나는 그때부터 예비기독교사라는 이름을 하나 더 갖게 되었다. 진작부터 뜻을 품고 기독교사로 생활하고 계시던 여러 선생님들, 동일하게 하나님의 부르심을 깨달은 여러 친구들과 함께 기도하고 활동하면서 기독교사로서의 삶을 꿈꿀 수 있었다. 4학년 여름방학 때 참가한 제2회 기독교사대회. 아이들을 눈물과 기도로 보살피는 많은 선생님들의 감동적인 삶을 생생하게 체험할 수 있었던 시간이었다. 여러 훌륭한 선생님들 속에서 나는 간절히 기도드린 것이 있다. 나도 저 선생님들과 같은, 하나님께서 기뻐하시는 기독교사가 되게 해 달라고….

내 과거로의 여행은 끝났다. 다시금 우리 반 태원이를 떠올린다. 그래, 나는 기독교사다. 죄악된 세상에 가장 낮은 자의 모습으로 내려오셔서 고아와 과부의 친구가 되셨던 예수님처럼 나도 태원일 품어야 한다. 하나님께서 세워주신 일이 아닌가. 내가 이곳에 필요하기에, 하나님께서 무지하고 불쌍한 영혼들과, 무너진 학교와, 황폐한 교육계를 일으키기 위한 당신의 뜻을 펼치시기 위하여 나를 이곳으로 불러주셨기에, 나는 지금 교사가 되어있다. 하루하루 우리 반 아이들과 동료 교사들과 학부모들과 학교의 다양한 업무 속에서 나를 '기독교사' 로 연단시키실 하나님을 기대하며 서툰 글을 맺는다.

|쉬|에|가|는|코|너|
교사로서 해외 선교를 할 수 있는 길은 없나요?

교사라는 직업으로 해외 선교를 할 수 있는 길은 많습니다. 해외 선교지 현장에는 다양한 영역의 선교사가 필요합니다. 선교는 전도보다 광범위한 것으로 선교지 현장의 사람들의 필요들을 채우는 것이 복음 전도와 양분되어 할 수 있는 것이 아닙니다. 우리나라는 100여 년 전만 해도 미전도 종족으로 선교사들이 들어오는 나라였으나 지금은 9000여 명을 파송한 선교 제2대국이 되었습니다.

그런데 한국 선교사님들이 어려워하는 문제 1위는 다름아닌 자녀 교육 문제인 것으로 조사되었습니다. 많은 선교사 자녀(MK)들이 제3세계에서 정체성 혼란을 느끼고 있습니다. 이들은 언어와 현지 문화를 잘 알기 때문에 부모 세대를 이어 선교사역을 감당할 수 있는 아주 중요한 선교자원이 될 가능성이 있습니다. 서구 선교파송국들은 이 영역을 벌써 오래 전부터 인식하고 선교사자녀학교를 선교지에 세우고 교사선교사로 파송하여 이들을 교육하는데 힘쓰고 있습니다. 우리나라도 늦긴 했으나 MK NEST라는 전문단체도 생겨나고 기독교사연합에 속하여있는 교사단체에 교사선교사로 파송된 분이 여럿 계십니다.

교사선교사로 선교사자녀학교나 국제학교에 가는 것을 찾아보면 꽤 있습니다. 휴직해서 단기사역을 감당하고 복직이 바로 가능하고 경력으로도 쌓이게 됩니다. 선교사 자녀학교로는 필리핀 한국아카데미, 방글라데시 에벤에셀학교, 알바니아 한알학교, 우리나라 부산에 글로빌고등학교 등이 있다. 국제학교는 곳곳에 많이 있습니다.

1. 교사가 자신의 부르심인지 끊임없이 묻고 확인해 가라.

자신의 부르심에 대한 확인은 대학 생활 동안은 물론이고 교직에 나가서도 꾸준히 묻고 점검해 가야 하는 작업이다. 그러기에 조급해하지 않으면서도 진지하고 정직한 자세로 부딪힐 때 하나님의 음성을 듣고, 일평생 살아갈 수 있는 큰 힘을 얻게 된다.

자신을 지금까지 인도해오신 하나님의 인도에 대해 세밀하게 살펴라. 특별히 교(사)대에 입학하는 과정, 입학 이후 다양한 만남과 배운 지식, 받은 훈련 등을 돌아보면서 자신을 향한 하나님의 뜻을 살펴라. 하나님의 인도에는 우연이 없고, 일관된 흐름을 가지고 인도하신다는 사실을 명심하라.

말씀과 기도 가운데서 자신의 부르심에 대해 끊임없이 묻고, 하나님의 인도를 구하라. 하나님이 평안과 확신 가운데 말씀해 주시길 간구하라.

교직을 선택한다고 할 때 걸림이 되는 부분들을 정리해 보라. 교사로서 자신이 맞지 않다고 느껴지는 부분, 교사라는 직업이 갖는 마음에 들지 않는 부분 등으로 구체적으로 정리해 보고 각 부분을 가지고 하나님께 물어라. 이 부분들이 마음에 걸리는데 이것들 때문에 교직을 선택하지 말아야 하는 지, 혹 이 부분들을 극복하기 위해 노력해야 하는 지, 혹 이런 부분들을 감수하면서 하나님을 의지하는 마음으로 교직에 나가야 하는 지 구체적으로 묻고 응답을 받아라.

주어진 교육 과정에 충실히 임하는 가운데 고민을 진척시켜 나가라. 교(사)대의 교육과정은 교사를 양성하기 위한 목적으로 짜여졌기 때문에 이 과정에 충실히 임하면서 소명에 대한 고민의 폭을 넓히고 깊게 할 수 있다. 이 때 점수에 너무 연연해하지 말고 각 내용을 통해 자신에게 충분히 적용시켜보고 생각의 거리를 찾는 것이 더 중요하다.

현직 교사들과의 접촉은 소명에 대한 고민과 확신을 구체화시키는 데 도움이 된다. 지역에 속한 기독교사 모임에 참여하거나 방학 중에 실시되는 교사 단체의 수련회 등에 참여해서 기독교사들의 고민과 삶의 모습을 보는 것은 참 유익하다(부록 참조)

다양한 통로를 통한 아이들과의 만남 역시 자신의 소명을 확인하고 키워가는 데 실질적인 도움이 된다. 공식 · 비공식 교생 실습, 교회 주일학교나 어린이 · 청소년 선교단체, 교사단체의 성경 캠프 등에서 자원봉사자나 교사로 섬겨 보는 것이 좋다.

관련도서 「소명」 오스 기니스, IVP / 「졸업 그 이후」 리처드 램, IVP / 「직장 속의 그리스도인」 방신기, 힌세

관련단체 직장인성경공부모임 www.bbb.or.kr / 직장사역연구소(BMI) www.bmik.co.kr / 한국어린이전도협회 www.cefkorea.org / 파이디온선교회 www.paidion.org / 성서유니온선교회 www.su.or.kr / 한국대학생선교회 십대선교부(HCCC) hccc.kccc.org / 십대선교회 www.yfc.or.kr / 청소년교육선교회 www.tem.or.kr / 글로벌틴선교회 www.gtm.or.kr / 십대선교사클럽 www.itmc.org / 미추홀청소년전도단 www.michuhol.or.kr / 십대의벗선교회 www.octm1318.org / B-Teens www.b-teens.org / 동북선교회 www.nectar1318.net / 예수전도단 청소년 사역(SYATP) www.syatp.or.kr

2. 성경적인 교사상을 정립하라.

이 시대 교사가 되고자 하는 사람은 수 없이 많다. 하지만 대부분 어떤 교사가 되고자 하느냐에 대한 그림이 분명하지 않다. 그러기에 대학 시절 성경이 말하는 이상적인 교사상을 잘 정립할 필요가 있다. 물론 이러한 교사상은 교직 발령 후 구체적인 현실 가운데서 수정되고 다듬어져야 한다. 하지만 교사에 성경적인 상이 있는 사람은 이 상에 비추어 현실을 극복할 수 있는 기준과 힘을 얻지만, 이것이 없는 사람은 현실 가운데 매몰된다.

매일 아침 말씀 묵상과 기도 시간을 가질 때, 그 날의 말씀을 자신의 일상 생활에 적용할 뿐 아니라 교사로서의 모습에도 적용하고 기도하는 습관을 가져라. 이렇게 4년 동안 말씀을 묵상하다 보면 성경이 말하는 교사상이 삶 가운데 자연스럽게 정립될 것이다.

위대한 교사의 전기나 자서전, 학교 현장에 대해 교사가 쓴 책을 가까이 하고 많이 읽어라. 이런 책을 통해 교육에 대한 이론이 아닌 교사가 품어야할 열정과 추구해야될 가치, 지녀야할 덕목들을 배울 수 있을 것이다.

자신의 초 · 중 · 고 학생 시절을 돌아보며 자신을 가르쳤던 선생님들의 장 · 단점을 분석해 보라. 사람은 자신의 경험의 한계를 뛰어넘기가 쉽지 않기 때문에, 교직에서 자신을 가르쳤던 선생님들의 모습이나 행동을 무의식적으로 답습하는 경우가 많다. 그러기에 자기 경험 속에 있는 선생님들의 모습을 잘 정리하여 보다 적극적으로 따르거나 반면교사로 삼는 노력이 필요하다.

아이들 앞에 교사로 서기에 자기에게 부족한 부분이 무엇인지에 대해 생각하는 시간을 많이 가져라. 현재는 자신의 부족함으로 남아 있지만, 교사가 되면 그 약점이 수 많은 아이들에게 상처를 주고 그들을 온전한 길로 이끌지 못하는 요소로 작용한다는 것을 명심하라. 그러므로 이러한 자신의 약점과 허물을 놓고 기도하며 개선을 위한 노력을 하라. 이러한 하나님 앞에서의 몸부림 가운데 좋은 교사로 준비되어 가는 자신을 발견할 것이다.

한 영혼에 대한 깊은 애정, 민족의 현실을 아파하는 역사의식, 세계를 품는 선교적 영성을 추구하라. 교사는 단지 지식을 가르치는 사람이 아니라 아이들의 영혼의 깊은 세계를 어루만져주며 시대와 역사를 보는 눈을 열어주고, 그 인생이 품어야 할 세계를 보여주는 자라는 것을 생각할 때 교사가 이러한 인생의 깊이를 추구하는 자세를 가져야 한다.

관련도서 「김교신 전집」 노평구, 부키 / 「울보선생」 최관하, 좋은교사 / 「거창고등학교의 스승 전영창 이야기」 거창고등학회, 종로서적 / 「김교신, 그 생애와 사상」 김정한, 한국신학연구소

준. 비. 된. 교. 사. 기. 아. 름. 답. 다

제 2 부
영성

영성

영성을 한 마디로 정의하는 것은 쉽지 않다. 하나님과의 깊은 만남과 친밀한 교제, 하나님을 깊이 사랑하는 마음으로 그 분의 뜻을 온 맘으로 순종하고자 하는 마음, 십자가와 부활의 은혜를 날마다 체험하며 이를 선포하고자 하는 자세, 하나님의 마음으로 세상과 사람들을 바라보며 가지는 흥분과 안타까움, 자신 속에 있는 죄성과 자아에 대해 피 흘리기까지 싸우며, 이 땅 가운데서 하나님의 나라가 선포되길 간절히 고대하는 마음으로 자신에게 주어진 사명을 끝까지 붙들며, 영원한 나라를 현재의 것으로 소유하고 이 땅을 초월하는 가치관을 가지며, 절망이나 고통 가운데서도 하나님을 바라보고 이웃의 아픔을 위로할 줄 아는 자세, 삶의 세밀한 부분까지 성령의 능력을 의지하는 태도 등이 우리가 추구하는 온전한 영성의 내용들이다.

영성의 내용을 이렇게 정의할 때 영성은 일상적인 삶의 현장을 떠나 어떠한 신비적인 경험을 추구하는 것이 아니라 구체적인 삶 가운데서 하나님을 의지하고 그분의 마음을 소유하며 그분의 능력을 덧입고 그분의 영광을 드러내며 사는 모습임을 알 수 있다. 물론 영성 훈련을 위해 가끔씩은 따로 시간을 내어 일상을 떠날 필요도 있고, 또 매일의 삶에서도 조용한 시간과 공간을 필요로 한다. 하지만 이러한 시간을 통해 얻은 하나님과의 만남은 일상의 생활과 인격을 통해 표현되어야 온전한 영성이 될 수 있다. 구약 성경에서 하나님과 가장 깊게 만나고 교제하였던 다윗의 삶이나 그가 지은 시편은 이러한 영성의 실체를 잘 보여준다.

성도의 삶에 있어서 영성이 단지 종교적인 영역에 치우치는 것이 아니라 현실의 삶을 변혁시키는 능력이 되기 위해서는 개인의 문제, 공동체의 문제, 사회의 문제를 막론하고 자신이 부딪히는 문제의 중심에 서며, 핵심을 붙들고 싸우려는 노력이 필요하다. 삶의 가장 절실한 문제가 눈에 보임에도 불구하고 그것이 힘들게 보이기 때문에 이것을 애써 회피하고 변두리에만 처져 있으면 하나님의 깊은 곳에 이를 수가 없다. 자신의 한계를 분명히 직시하지만 여기에 머물지 않고 자기 문제와 자기를 둘러싼 많은 문제를 가지고 하나님께 나아가며, 말씀에 순종하기 위해 자기의 정말 중요한 것을 잃어버리는 과정을 통해 삶의 핵심을 관통하는 깊이 있는 영성을 소유할 수 있다. 하나님 앞에서 날마다 죽으며 자기에게 있어서 정말 중요한 것을 버리는 과정을 통해 자기 삶은 물론이고 다른 사람의 삶을 변화시킬 수 있는 능력이 길러진다.

영성은 성도됨의 근본이지만 기독교사에게는 특별히 중요하다. 그것은 교사가 아이들의 영혼을 만나며, 아이들의 영혼 깊숙이에서 부르짖는 소리에 귀 기울이며, 그 영혼의 변화를 통한 전 삶의 변화를 돕는 일을 해야 하기 때문이다. 아이들 속으로 조금만 더 깊이 들어가 보면 그 나름대로 말할 수 없는 아픔과 탄식을 가지고 있음을 알 수 있고, 교사는 무력감을 고백하게 된다. 이 때 영성이 충만한 교사는 아이들의 문제를 자기의 문제로 끌어안고 하나님 앞으로 나아가 아이로 하여금 하나님의 능력으로 자신의 문제를 해결하게끔 인도할 수 있는 능력을 갖는다. 그렇지 않고 인간적인 혈기와 열심으로 아이들의 문제에 접근하게 되면 서로가 무력감만 확인하고 상처를 입게 된다.

교실은 단순한 아이들과의 만남의 장이 아니라 영적 싸움의 현장이다. 아이들은 교사의 말을 잘 듣지 않는다. 이러한 아이들의 마음을 가만히 보면 아이들 속에 역사하는 죄의 세력과 사탄의 역사를 볼 수 있다. 권위를 거역하고, 약한 자를 괴롭히고, 악을 행하며, 선의를 이용하려는 아이들의 행위를 볼 때도 단지 그 행위에 대해 화를 내거나 벌을 주는 것만으로는 아이들을 변화시킬 수 없다. 아이를 불쌍히 여기고 죄를 미워하는 마음으로 학급의 정의를 세우되, 잘못한 아이의 마음을 돌이키는 훈계를 할 수 있으려면 그리스도의 영으로 충만해 있지 않으면 불가능하다.

아이들은 교사의 말이 아니라 인격을 통해 배우고 감동을 받고 영향을 받는데, 이러한 교사의 인격 역시 깊은 영성이 뒷받침되어야 온전한 모습을 나타낸다. 하나님의 사랑에 젖어 있는 교사가 나타내는 아이들에 대한 사랑과 오래 참음은, 이성적인 판단과 의지적인 결단에 의해 나온 사랑과 인내와 비교할 때 그 지속성과 감동에 있어 차원이 다를 수밖에 없다. 그러기에 기독 교사에게 영성은 생명력 있는 교육을 위한 기본이라고 할 수 있다.

영성 훈련은 일평생을 두고 이루어지고 삶의 연륜과 함께 깊어지는 면이 있긴 하다. 그러나 인생의 그 어떤 시기보다 시간적으로 여유가 있고, 자기 인생에 대해 본격적인 고민을 시작하고 구체적인 삶의 방향을 잡아가는 시기가 대학 생활임을 생각할 때, 이 시기는 영성의 기초를 다질 수 있는 가장 좋은 때라고 할 수 있다. 실제로 대부분의 신앙의 선배들이 대학·청년 시절에 영성의 기초를 다졌고, 이러한 기초를 바탕으로 깊은 영성을 소유해갔던 것을 볼 수 있다. 요즘 대학의 풍토는 영어, 컴퓨터, 전공 등 각 부분에 대한 실력이 강조되고 있는 상황이긴 하지만 신앙인들의 경우 이 모든 것보다 자신의 영성을 쌓아 가는 일에 더 우선적으로 투자해야 한다.

실제로 교직에 나와 보면 대학 시절에 상상할 수 없을 정도로 바쁘고 여유가 없는 시간이 이어진다. 그렇기 때문에 대학 시절에 바쁜 가운데서도 말씀 묵상과 기도에 충분히 시간을 확보하고 하나님의 음성을 듣고 그분의 인도를 받는 훈련을 해 놓지 않으면 교직에서는 그런 생활이 더 어려워진다. 영적으로 제대로 공급받지 못하는 상황에서 바쁜 학교 업무와 말 잘 듣지 않는 아이들과 부대끼면서 자기 힘으로 무언가 잘 해보려고 하다 보면 쉽게 지치게 마련이다. 영성이 뒷받침되지 않으면 쉽게 매너리즘에 빠지거나 혹 영혼을 구하는 일과 관계없는 전문성 추구나 행정 영역을 추구하게 되고 그러다 보면 예비교사 시절 꿈꾸었던 기독교사의 삶은 결코 실현되지 않는다. 그러기에 대학 시절 그 무엇보다 영성의 훈련에 최우선의 가치를 두고 생활해야 할 것이다.

| 간 | 증 |

어찌 비교가 되겠는가 정철모 교사(인천 강화 강남중학교)

나의 아침은 7시 35분 인천 강화 강남중학교 학생들과 함께 하는 Q.T. 모임으로 시작한다. 많지는 않지만 꾸준히 참석하는 학생들을 보며 이들이 하나님의 큰 일꾼으로, 시대와 민족을 이끌 지도자로 자라나기를 기대하고 기도한다. 올해 전근 온 이 학교에서 새로운 기독교 모임을 시작한다는 것은 쉽지만은 않았다. 돌이켜 보면 교사생활 10년 동안 늘 관심을 가지고 했던 일 가운데 하나가 학생들에게 복음을 전하고 그들을 양육하는 일이었다.

처음 교사로 발령 받았을 때 옆자리에 계신 선생님으로부터 자신이 섬기던 아침 기도모임을 대신 이끌어 달라는 부탁을 받고 2년 가까이 아침 7시의 Q.T. 모임을 섬겼다. 북한을 위해 기도하기도 하고 과월호 Q.T.교재를 내가 훈련받았던 선교단체로부터 기증받아 함께 나누기도 하고 생일잔치를 하기도 하고 야외모임을 가기도 했던 일들. 그때의 사진을 볼 때마다 감회가 새롭다. 그 당시 함께 했던 학생이 이제는 청년이 되어 가끔 만나는데 하나님 앞에서 바르게 자라는 모습이 고맙기만 하다.

또한 기독학생반이나 성경연구반이란 이름으로 클럽활동 부서를 조직해서 활동했던 기억들도 있다. 매달 한번씩 있는 클럽활동 시간을 이용하여 성경공부를 하기도 하고 좋은 강사들을 모셔서 강의를 듣기도 하고 야영과 M.T.를 하였던 기억들도 소중하다. 야영은 학교에서 텐트를 치고 하기도 했었고 교회를 빌려 하기도 하였는데 말씀을 전하고 촛불의식을 행하기도 하고 추운 가을 밤 산꼭대기에 학생들을 데려가 산 기도를 하기도 하였다. 몰아치던 세찬 바람에 맞서 기도하던 그 때를 생각하면 그때 학생들이 참 대견스럽다. 작년에는 서울 불광동에 있는 기독교 수양관에 M.T.를 가기도 하였는데 그곳에서 섬기는 분들과 함께 이른 새벽 산에 올라가 바위에 등을 기대고 누워 하늘에 자신의 꿈을 크게 쓴 일은 오래 동안 간직하고 싶은 추억이다. 서울 양화진의 외국인 묘지에 가서 우리 민족에게 복음을 전하기 위해 오셨던 많은 선교사들의 묘비를 읽을 때면 눈시울이 뜨거워지며 나도 이렇게 남을 위해 살아야겠다고 학생들과 함께 다짐하기도 하였다.

또한, 학급 학생들 중 희망하는 학생들을 선발하여 성경공부를 하기도 하였고, 토요일 방과후에 우리 집에 데려와 함께 점심을 먹고 성경공부를 하였던 일들도 기억난다.

어느 해에는 점심시간 찬양모임으로 학생들과 함께 찬양과 기도와 말씀을 나누기도 하였고, 목사님을 모셔 크게 행사를 하려다가 교감선생님의 반대로 하던 모임까지 반대하여 속상해하였던 때도 있었다.

학생들에게 복음을 전하고 그들을 든든히 세우고자 하는 열정은 대학 때의 훈련이 낳은 결과라고 하겠다. 대학에서 내가 속한 선교단체를 통해 성경과 세계관에 대하여 관심을 가지게 되었고 나를 향한 하나님의 기대하심을 보게 되었다. 지금 나의 섬김이 대학생 때 나를 섬겨준 분들의 섬김에 어찌 비교가 되겠는가 싶을 만큼 귀한 섬김을 받은 기억들이 있다. 특히 모임의 리디가 되면서 더욱 그랬다.

대학 3학년 때는 성경공부 리더모임을 하였는데 우리를 인도해 주실 목사님이 낼 수 있는 시간이 없어서, 금요일 밤 10시에 모여 다른 리더들과 함께 목사님 댁에 가서 토요일 새벽 4시까지 성경공부 리더모임을 하였다.

또 4학년 때는 우리학년 성경공부를 가르치던 선배님이 부산에서 서울로 공부를 하러가게 되었다. 그래서 선택할 수 있는 성경공부 시간이 토요일 밤 11시에서 주일 새벽 3시까지였다. 우리는 창세기 공부를 하고 실천하고 적용한 것을 다음 시간까지 노트 한 두 장에 기록하여서 발표하였다. 그 당시는 잠에 취하여 공부한 적도 있었지만 지금 생각해보면 그렇게 어렵고 힘들게 한 성경공부가 도리어 큰 재산이 되고 힘이 된 것을 볼 수 있다.

대학 생활 중에 하였던 아침 Q.T 모임과 3년 가까운 공동체 생활은 경건의 훈련과 섬김의 훈련을 하기에 참 좋은 기회였다.

대학 생활에서 맛본 수련회의 진한 감동은 나의 삶을 도전하며 바꾸기에 충분하였다. 내가 1학년 여름방학 때 참석한 전국 수련회는 지금도 생생하다. 차를 7번이나 갈아타면서 덕유산 무주구천동에 모인 수천의 대학생들. 수련회의 감동은 폐회식을 하고 모두가 떠나는 그 시간에 혼자 산으로 올라가 기도하도록 만들었다. 그 후에 계속된 대학생 수련회와 선교한국대회는 삶의 방향과 의미를 깨닫게 하였다.

참 해야할 일이 많고 하고 싶은 일이 많은 시기가 대학 생활이다. 고등학생과는 전혀 다른 대학 생활의 자유는 마음먹은 대로 자신의 삶을 만들어 갈 수 있는 기회이다. 그러나 자유를 경험하는 것과 함께 잊지 말아야 할 것은 자신에 대한 투자이다. 특별히 교사로 사회생활을 시작 하게되면 훈련의 기회는 현저하게 줄어든다. 따라서 대학 생활을 통해 평생동안 살아가는데 동요되지 않을 영성훈련을 하는 것은 어떤 것보다 중요하고 소중하다. Q.T.와 기도생활은 기본이고 성경공부와 수련회도 놓치지 말아야 한다. 또한 공동체로서 살아가는 삶과 다른 사람을 섬기는 생활은 우리가 평생 학생들을 섬기며 살아야 하기 때문에 더욱 훈련이 필요하다.

하나님이 이 시대를 자신을 통해 바꾸어 가시기를 기도하고 이 시대의 중심에 자신이 설 수 있도록 기도하며 그런 자질을 갖추기 위한 끊임없는 노력이 요구되는 시기가 바로 대학 생활이다.

|간|증|
그렇게 설 수는 없었다   정민수 (전북 부안 장신초 교사)

캠퍼스에서 한 영혼의 섬기는 목자로 사는 것은 쉬운 일이 아니다. 내 자신이 완전히 준비되지 못한 상태에서는 더욱 그렇다. 하지만 부족한 내 모습 그대로 한 사람에게 다가가 일대일 성경공부를 권할 때 비로소 난 양육자가 되었다. 해산의 고통을 이긴 엄마처럼 한 사람을 섬기길 다짐한 순간 어미의 마음으로 그 앞에 서있는 내 모습을 발견하게 되었다.

교육대학 2학년을 시작할 무렵 난 성경공부를 통해 일대일 양육을 하겠다고 서원하였다. 많은 신앙의 선배들의 사랑과 격려 속에서 난 훌륭한 양육자가 되겠다고 다짐했다. 그렇게 시작한 나의 제자양육 사역은 나를 더욱 그리스도 안에서 강하게 했다. 지금 돌아보면 내가 돌보는 후배와 함께 웃고 울었던 캠퍼스 시간이 있었기에 지금의 내가 존재할 수 있었던 것 같다. 진정한 배움이란 가르침에서 얻을 수 있다고 하였던가? 나는 후배를 말씀으로 섬기면서 인생관, 세계관 그리고 교육관을 바로 잡을 수 있었다.

처음 양육 성경공부를 하면서 후배를 보기 전에 내 모습을 먼저 바라보는 연습을 하였다. 교육이란 지식을 전달하는 것이 아니라 사랑을 실천하는 것임을 알고 있었기 때문에 단순히 성경지식만을 전달하는 삯군 목자가 아니라 양의 어려운 형편을 세밀히 살펴 섬세하게 돌보아주는 참 목자가 되려고 하였다. 잃은 한 마리 양을 구원하기 위해 천길 낭떠러지까지 쫓아가 양을 구해야 하는 목자의 심정을 가지려고 노력했다. 하나님께서는 후배를 훈련시키는 동시에 부족한 나를 훈련시키셨다. 목자장 되신 예수 그리스도를 더욱 붙들고 나갈 수 있도록 하신 것이다.

내가 처음 양육했던 후배는 그렇게 쉬운 상대가 아니었다. 일대일 성경공부 시간을 잊어버리고 약속 장소에 나오지 않는 것은 물론 이성 문제로 심각한 고민에 빠져 술로 지내기도 했다. 그 시절 폼생폼사가 아니라 양생양사를 외치며 지낸 순간들이기에 후배의 방황은 나의 마음을 아프게 했다. 그러나 시간이 흘러 그 후배와 신앙을 회복하고 말씀 앞에 엎드릴 때에는 영혼 구원의 기쁨을 만끽하기도 했다. 고작 1,2년 양육을 하였는데 어떻게 그런 목자의 심정으로 대면하였던지 모르겠다. 그 후배와 함께 말씀을 나눌 때에는 성령 하나님께서 함께 하심을 체험하기도 하였다. 그때 양을 섬기는 목자 생활이 있었기에 지금 아이들 앞에 든든한 선생님으로 든든한 목자로 설 수 있는 것 같다.

나는 아이들을 밀알로 키우고자 밀알두레반을 운영하고있다. 밀알은 누구나 될 수 있지만 아무나 되는 것이 아님을 아이들에게 알려주고 있다. 대학 시절 창세기 말씀을 가지고 일대일 양육 성경공부를 하면서 대부분 천지창조, 아브라함, 이삭을 거쳐 야곱과 요셉에 이르러서야 비로소 마음을 열고 자신도 일대일 양육자가 되겠다는 다짐하는 걸 보아왔기 때문이다. 그때 난 깨달았다. 창세기 50장의 적은 분량이었지만 그들의 인생관을 변화시키며 세계관을 정립하는데 중요한 지침서가 바로 말씀이라는 사실을..

첫 발령을 받을 때 아이들을 무섭게 휘어잡아야 학급운영이 쉽다는 충고를 선배들로부터 듣곤 했다. 하지만 성경 교사로 캠퍼스를 누비고 다닐 때에 영혼들 앞에 그런 자세로 서 본 적이 없었기에 아이들 앞에서도 그렇게 설 수 없었다. 오히려 목자의 심정으로 아이들이 어린 제비처럼 입을 벌리면 사랑을 급히 넣어주곤 했다. 체벌을 하기 전에 말씀 카드를 뽑아 외우게 하였고 방과 후 일대일 기도를 해주며 정직하게 살아갈 수 있도록 격려해 주기도 하였다. 아이들은 분명 칭찬을 들을 때 자신의 잠재 능력을 끄집어내어 발휘함을 몇 번이고 확인했다. 하지만 아이들을 사랑하지 않고 아끼지 않을 때에는 칭찬이 나오지 않았다. 캠퍼스에서 양육할 때에도 마찬가지였는데 그 때 필요한 것이 동역자임을 깨달았다. 나 홀로 설 수 없기에 군산 기독교사 모임을 통해 힘을 얻곤 했다. 그곳에서 우리는 아이들을 양으로 여기는 목자의 심정을 검토하고 되새기곤 하였다. 또한 학부모님께 편지를 쓸 때에는 부족하나마 나의 교육관을 맨 첫 줄에 쓰고 시작하였다.

'교육은 사랑입니다.'

짧은 교단생활을 통해 얻은 나의 교육관이다. 사랑으로 지성소인 교단에 나아갈 때에 난 그리스도의 심장을 아이들에게 보여줄 수 있었다. 티 없이 진실한 아이들이기에 선생님의 눈빛을 볼 때 선생님의 진실성을 꿰뚫어 보는 모습을 발견하곤 했다. 목자가 경건하지 못할 때 어린 영혼을 주님 앞으로 인도할 수 없었던 것처럼 아이들 역시 마찬가지였던 것이다.

짧은 캠퍼스 시절 양을 섬기는 목자로 부르신 하나님을 나는 찬양하고 있다. 양과 함께 웃고 울었기에 아이들과 함께 웃고 울 수 있는 기독교사가 될 수 있었음을 잊지 않을 것이다.

기독교사로 서 있는 난 아이들이 거짓말을 할 때 정직의 중요성을 가르쳤고 도벽이 있는 아이가 선생님들의 핸드백에서 수십 만원을 훔쳤을 때 밀알 두레반 9명과 함께 눈물로 회개하고 거짓으로 살지 않겠노라고 다짐하기도 했다. 또 아이들의 발을 씻겨주며 아이들의 아픔을 이해하고 끌어 안아주려고 하였으며 그들을 정직하게 사랑하고 품어주는 목자가 되려고 노력하였다. 기독교사란 사랑을 실천하는 목자임을 확신하기 때문이었다.

3. 말씀 묵상과 기도 훈련에 힘써라.

기독교사로서의 준비로 영성훈련에서 가장 기본이 되는 것은 말씀과 기도로 경건의 생활을 체질화하는 것이다. 대학 시절부터 경건의 생활이 체질화되어 있지 않으면 바쁜 교사 생활에서 영성을 지켜 나가기가 매우 어렵다. 교육은 내 안에 꿈틀거리는 영적 생명력이 있을 때 가능하다. 아이들을 사랑하고 변화시킬 수 있는 힘은 우리 안에 있지 않다. 주님과 교제를 하는 경건의 시간을 통해 우리의 마음에 부어지는 생명의 은혜가 없다면 불가능한 일임을 명심하자. 다른 어떠한 것보다 이 일에 우선순위를 두고 힘쓰기를 당부한다.

최대한 하나님과 개인적으로 교제를 하는데 방해받지 않는 장소와 시간을 확보하라. 그러기 위해 시간을 정하고 일상 생활을 조정하자. 정상적인 말씀 묵상과 기도 생활을 위해서는 최소한 하루에 1시간 이상 시간을 확보하는 것이 필수적이다. 개인에게 가장 적합한 시간을 정하는 것이 좋겠지만 바쁘고 불규칙적인 현대인의 일상을 생각할 때 새벽 시간을 확보하는 것이 좋다. 물론 이렇게 하려면 생활 패턴을 일찍 자고 일찍 일어나는 것으로 바꾸는 것이 선행되어야 한다.

나에게 맞는 경건의 시간 방법을 정하자. 말씀 묵상을 중점적으로 할 수도 있고 새벽 기도회에 나가 기도 중심으로 할 수도 있다. 나에게 맞는 방법을 정하되 말씀을 읽고 듣는 것과 기도하는 것이 조화되도록 하면 된다.

함께 만날 수 있는 그리스도인끼리 그룹을 지어 경건의 시간 나눔을 갖는 것이 좋다. 경건의 시간(QT)의 꽃은 나눔이라는 말도 있듯이 나눔을 통해 여러 가지 유익을 얻을 수 있다. 같은 말씀으로 다른 시각으로 말씀 묵상을 한 지체들의 나눔을 통해 풍성한 은혜를 누리고 개인적으로 말씀을 보는 눈이 넓어질 수 있다. 또한 지속적인 나눔은 경건의 시간을 이어가는데 도움이 된다.

말씀을 묵상하여 깨딜은 말씀은 삶 속에 적용하며 살려고 애써야 한다. 경건의 시간을 통해 깨달은 말씀을 붙잡고 실천하려고 몸부림치다보면 어느새 삶 속에 아름다운 성령의 열매을 맺는 자신을 발견하게 될 것이다.

무시로 깨어서 기도하자. 수업을 들으면서, 거리에 걸으면서, 화장실에서, 힘든 일을 결정할 때 등 삶 가운데서 구체적인 일 하나 하나를 주께 맡기고 그의 도우심을 구하는 훈련을 하자.

도움말 ————

매일의 경건의 시간을 위해서는 시중에 나와 있는 QT책자의 도움을 받는 것이 좋다. Q.T에 노움이 되는 세미나나 관련서적을 읽어보라고 권하고 싶다.

관련도서 「나의 주 나의 하나님」 송인규, IVP / 「하나님을 알아 가는 시작입니다」 서승룡, 예수전도단 / 「묵상과 영적 성숙」 강준민, 두란노 / 「하나님의 음성」 달라스 윌라드, 예수전도단 / 「역동적인 경건의 시간」 스티븐 에어, IVP / 「기도」 리처드포스트, 두란노 / 「기도의 삶」 헨리나우엔 , 복있는 사람 / 「기도」(소책자 시리즈 55), 존 화이트, IVP

4. 체계적인 성경공부에 시간을 투자하라.

성경은 하나님의 감동으로 쓰여진 그분의 말씀이다. 성경이 기록된 목적은 교양이나 학문을 위해서가 아니라 우리에게 하나님의 구원에 관한 지식과 하나님과 동행하는 생활에 필요한 여러 가지 지침을 주기 위함이다. 영적 성장에 양식이 되는 하나님의 말씀을 공부하는 것은 선택사항이 아니다. 더구나 학원선교에 부르심을 입은 기독교사는 성경에 탁월해야 한다. 성경에 탁월하기 위해서 말씀을 암기하고(시119:9,11), 연구하고(행17:11), 읽고(계1:3), 듣고(롬10:17), 묵상(시1:2,3)을 지속해야 한다. 전공 공부처럼 성경에 시간과 정열을 투자하라. 후회하지 않을 것이다.

예배 시간에 선포되는 말씀을 잘 듣자. 말씀을 들을 때 인용하는 성경구절들과 설교의 요점에 주의를 기울여야 한다. 그러기 위해서 설교노트를 준비해서 항상 기록하는 습관을 갖도록 권하고 싶다. 무엇보다 들은 말씀을 삶 속에 실천하기에 힘쓰자.

성경 통독에 도전해보자. 깊이 성경을 묵상하는 것도 중요하지만 성경을 꾸준히 읽는 것도 중요하다. 성경 통독을 하면 성경을 이해하고 공부하는데 매우 유익하다. 꾸준히 평일 3장, 주말 5장을 읽으면 1년에 1독을 끝낼 수 있다. 자 대학 시절동안 1년에 1독만 하자. 성경에 자신감이 있는 자신을 발견할 수 있을 것이다.

개인적으로 성경연구를 해보자. 성경은 깊이 연구하지 않으면 깨닫지 못하는 숨은 보화가 성경에 가득히 쌓여 있다. 개인적으로 한 권을 정하거나 한 주제를 택해 성경, 성구 사전, 성서 핸드북, 관련 서적을 가지고 말씀을 연구해보자. 개인성경연구(PBS)는 처음에는 쉽지 않지만 점차 말씀의 재미에 푹 빠지는 자신을 발견할 수 있을 것이다.

그룹으로 함께 성경을 공부하는 것도 매우 유익하다. 그룹성경공부(GBS)를 통해 말씀을 의미를 보다 정확하게 깨닫고 말씀의 깊이가 더해질 것이다. 이를 위해 체계적인 성경공부를 하는 선교단체나 교회대학부 모임에 충실히 나갈 것을 권하고 싶다.

말씀구절을 암송하라. 암송은 어렵고 따분해 보이나 시간을 투자 할 만한 가치가 충분히 있다. 외운 말씀은 우리 안에 영적 생활에 매우 유익하고, 다른 사람에게 말씀을 가르치거나 전할 때도 암송한 말씀은 큰 도움이 될 것이다.

관련도서 「맥체인 성경 통독표」부흥과개혁사 / 「네비게이토 암송카드」네비게이토 출판사 / 「성경연구입문」 존스토트, 성서유니온 / 「성경공부 어떻게 할 것인가?」 브라이언엡샤이어, 성서유니온 / 「성경, 어떻게 적용할 것인가?」 송인규, 성서유니온 / 「성경 연구 핸드북」 IVF 자료개발부, IVP / 「어떻게 성경을 읽을 것인가?」 A. J. 코니어스, IVP / 「 IVP 성경 사전」 데릭 윌리암스 편집, IVP / 「성경종합개관」 테리홀, 나침반
관련단체 디모데성경연구원 http://www.worldteach.co.kr

5. 그리스도인의 증인된 삶을 훈련하라.

전도는 영혼의 운동이라 할 수 있다. 전도를 할 때 우리의 신앙은 근육처럼 단단해져 가는 것을 느낄 수 있을 것이다. 모든 그리스도인은 그리스도 안에 있는 풍성함을 다른 사람에게 전할 사명을 주셨다. 특히 기독교사는 사람을 대상으로 매일 만나는 위치에 놓인다. 만나게 되는 아이들에게 복음을 전할 때 진정한 변화를 일으킬 수 있는 것이다. 주님은 우리를 학교 현장에 전도의 도구로 사용하기를 원하신다. 대학 시절에 주위에 친구들을 전도한 경험이 없는 사람이 어찌 더 어려운 상황이 놓여 있는 학교현장에 가서 복음을 전할 수 있겠는가. 전도는 선택이 아님을 명심하라.

우선 복음전파의 기본자세가 중요하다. 복음을 부끄러워하지 않고 담대히 전해야 한다. 또한 복음이 없는 그들에 대한 주님의 안타까운 심정을 품고 그들에게 나아가야 한다. 전도는 기술보다도 마음이 중요하다. 먼저 그 영혼들을 위해 진정으로 기도하자.

삶을 통한 전도가 중요하다. 우리가 전하는 말에 신뢰성을 더하기 위해서는 우리의 생활이 그들에게 긍정적인 영향력을 주어야한다. 생활을 통한 전도는 우리가 의식을 하든 못하든 간에 계속 이루어지고 있다. 전도를 생활화하여, 하나님께서 만나게 하는 사람에게 적극적으로 예수님의 사랑을 실천하고 자연스럽게 그리스도를 화제로 대화해 보라.

전도를 효과적으로 하기 위해서 전도의 기본적인 방법을 익힐 필요가 있다. 개인적인 상황과 은사에 따라 좀 다르겠지만, 사영리, 다리 예화, 전도 폭발 등의 방법과 전도 성경공부 인도법을 훈련 받으라.

자신의 근처에 있는 사람부터 시작하라. 내 주위의 캠퍼스 영혼을 품고 기도하며 그들을 섬겨 보라. 특히 교대, 사대생인 한 영혼을 그리스도께 인도했을 때 그 사람이 앞으로 수많은 어린 영혼을 만나 복음을 전한다고 생각해볼 때 그 중요성은 실로 엄청날 수 있다. 지금 내 삶의 현장이 캠퍼스 복음화를 위해 전도에 힘쓰는 것은 내가 나아가는 교육계를 변화시키는 일과 깊은 관련이 있음을 인식하자.

성공적인 전도는 성령의 능력 안에서 그리스도만을 전하고 그 결과는 하나님께 맡기는 것이다. 내가 복음을 전한 그 사람이 그리스도를 영접하지 않았다고 실망하지 말라. 전도는 나를 통해 그분이 하시는 것이다. 복음의 씨앗을 뿌렸으니 때가 되면 거두게 될 것이다. 복음을 전한 그 자체가 의미 있는 일이다.

도움말 ───────
전도폭발훈련이나 사영리 전도훈련(CCC)등을 꼭 배우고 실천해 보라. 전도 성경공부 교재로는 ONE TO ONE (IVP), 예수의 뉴일싱(순 출판사)등이 있다. 그리고 평소 신앙을 나눌 수 있도록 개인 간증문을 예수님을 믿기 전, 후의 변화를 내용으로 준비하는 것이 좋나.

관련도서 「빛으로 소금으로」 −생활방식으로의 전도− 레베카 피핏, IVP / 「전도 성경 공부를 인도하려면」 에이다 럼, IVP / 「전도 길라잡이」 맥 스타일즈 , IVP / 「차마 신이 없다고 말하기 전에」 박영덕, IVP / 「존 스토트의 복음 전도」 존 스토트 IVP(한국기독학생회출판부) / 「구령의 열정」 오스왈드 스미스, 생명의 말씀사

관련단체 국제 제자훈련원 http://www.disciplen.com

6. 일상 생활 속에서 그리스도의 주되심을 훈련하라

하나님은 삶 전체로 예배 드리기를 원하신다.(롬12:2) 그분은 주일날만 우리의 주인이 아니시다. 하나님은 우리의 창조주이시며 지금도 만물을 다스리시는 이시다. 우리는 하나님의 청지기임을 매순간 인식하고 주님이 우리에게 주신 시간, 재정, 육체 등을 잘 관리해야 한다. 하나님이 원하시는 인생 관리를 하기 위해서는 그에 맞는 라이프 스타일 갖는 것이 필요하다. 내 삶을 주도하려고 하는 것을 하나님께 내려놓는 훈련이 반드시 필요하다. 내 삶을 주께 드리기로 결단하라.

우선 순위를 분명히 하라. 대학 시절은 주님이 주신 소명을 발견하고 그것을 준비하는 시기이다. 교통정리가 필요하다. 교회, 과, 학원, 아르바이트, 선교단체 훈련 등을 모두 도맡아 늘 'YES' 해서는 안 된다. 먼저 하나님께 물으라. 이미 여러 가지 일을 맡았다 할지라도 내가 꼭 있어야 할 곳이 어디 인지 말이다.

시간 관리를 훈련하라. 주간계획표와 일일계획표를 짜서 우선 순위에 따라 시간을 배치하고 그대로 살려고 노력하라. 이것이 습관화되는 것이 중요하다. 무엇보다 주어진 시간이 주님의 것임을 인정하고 날마다 게으르게 살지 말고 그 분의 뜻에 맞게 최선을 다하라.

재정 관리 훈련도 중요한 요소이다. 요즘 대학생들이 매우 소비 지향적인 것으로 나타났다. 기독대학생도 예외가 아닌 경우가 많아 성경적인 경제 생활에 대한 바른 인식과 훈련이 필요하다. 청지기로 그분이 우리에게 맡겨주었기 때문에 우리가 마음대로 사용할 수 있지만 언젠가 계산할 때가 있다는 점을 명심해야 한다. 십일조 등의 헌금과 나눔의 훈련, 그리고 낭비하지 않는 습관을 기를 것을 권한다.

건강 관리를 하라. 영성 부분에 왠 육체 관리인가 하는 사람도 있겠지만 주님이 주신 육체를 관리하는 것도 영성 관리에 한 부분이다. 우리의 몸은 하나님의 성전인 것이다. 우리의 몸을 함부로 다루거나 해로운 음식으로 우리 몸을 해쳐서는 안 된다. 지속적인 운동과 규칙적인 식사로 건강한 육체를 지니도록 노력해야 한다.

삶 속에 부딪히는 여러 문제를 놓고 주님께 기도하라. 예를 들면, 학업, 이성 교제, 군대 문제, 진로 문제 등에서 주의 뜻을 구하고 씨름하라.

우리를 보내신 삶의 현장에서 그리스도인답게 살도록 애써라. 가정에서 부모님께 효도하고, 이웃에게 친철을 베풀어라. 그리고 캠퍼스에서 만나는 친구나, 선후배 인간 관계에서도 그리스도인답게 말하고 행동하라.

관련도서 「No라고 말할 줄 아는 그리스도인」 헨리 클라우드 존 타운젠드, 좋은씨앗 / 「내면 세계의 질서와 영적성장」 고든 맥도날드, IVP / 「늘 급한 일로 쫓기는 삶」 찰스 험멜, IVP / 「다윗 : 현실에 뿌리 박힌 영성」 유진피터슨, IVP / 「일상, 하나님의 신비」 마이클 포르스트, IVP / 「내 삶을 받으소서」 마이클 그리피스, IVP / 「아무도 보는 이 없을 때 당신은 누구인가?」 빌 하이블즈 , IVP / 「현대인을 위한 생활 영성」 폴 스티븐스, IVP / 「천국만이 내 집은 아닙니다」 폴 마샬, IVP / 「하나님 돈을 어떻게 쓸까요?」 래리버켓, CUP / 「성경적인 의사결정법」 해돈 로빈슨, 디모데 / 「데이트와 사랑의 미학」 조이스 허기트, IVP / 「정말 쉽고 재미있는 평신도 신학」 송인규, 홍성사

7. 공적 예배를 소중히 여기고 유익한 프로그램에 참석하라.

대학생 시절은 인생 중에 비교적 시간과 여유가 많을 때다. 이때 영적인 체험을 하지 못한 다면 앞으로 더욱 어려워질 것이다. 영적 공급처를 적극적으로 찾아 다니라. 예배는 주님을 만나는 시간이다. 주일을 거룩하게 구별하여 공동체를 이루어 함께 예배하는 것은 우리에게 누리게 하신 복이다. 또한 여러 좋은 세미나와 수련회 그리고 좋은 신앙 프로그램이 정말 많이 있다. 이런 훈련과 세미나들을 참석하여 자신의 은사를 계발하고, 또 수련회에 가서 보다 넓은 시각으로 비전을 품고 은혜와 도전을 받는 것은 꼭 필요하다.

예배는 어떠한 일이 있어도 빠지지 않는다. 대학 시절에 MT, 여행, 아르바이트 등의 이유로 주일날 예배에 참석하지 못하는 일이 생길 수 있다. 그러나 가급적 주일날 이런 일이 생기지 않도록 사전에 조정하고 어떤 상황에서도 예배는 지켜라. 지킬 건 지켜야 한다.

예배를 지키는 것보다 예배를 잘 드리는 것이 중요하다. 주님을 찬양하고, 기도하며 주의 말씀을 듣는 이 시간에 무엇보다 우리의 중심이 주님께 향해야 한다. 그래서 예배 관람자가 아닌 예배자를 찾는 그분 앞에 예배자로 서도록 하라.

우리의 영성, 인격, 은사를 개발할 수 있는 좋은 세미나와 훈련 프로그램에 참석하라. Q.T 세미나, 전도 훈련, 인격 개발 세미나, 내적 치유 세미나, 찬양, 워십, 레크레이션 세미나 등 조금만 관심을 갖고 보면 유익한 것이 너무 많다.

수련회에 꼭 참석하라. 지나친 수련회 참석은 문제가 있지만 방학을 이용하여 교회, 선교단체 수련회에 참석하는 것은 매우 유익하다. 일상 속에서 주님을 만나야겠지만, 좀 더 집중해서 깊이 주님을 만나는 시간이 필요하다. 많은 믿음의 선배들은 수련회에서 자신의 인생을 진지하게 주께 드리는 소중한 결단의 시간을 갖는 것의 중요성을 말하고 있다. 작은 마음을 넓혀 민족과 세계를 바라보는 주의 마음을 품는 시간을 이러한 수련회에서 경험힐 수 있다.

도움말 ———————

관심있는 분야의 세미니니 수련힉를 적극적으로 찾아 참석해보는 것이 좋다. 추천할 만한 곳은 기독교사대회, 선교한국, 성경적 토지학교, 통일선교학㎢, 한국리더십학교, 경배와 찬양 집회, 단기해외선교, 선교사자녀교육 캠프, 창조과학세미나 등이 있다.

관련단체 성경적 토지 정의를 위한 모임 www.land.kimc.net / 창조과학회 www.kacr.or.kr / 선교한국 www.missionkorea.org / 통일교육문화원 www.tongiledu.or.kr / 학원복음화협의회 www.kcen.or.kr / 젊은이선교정보연구센터 www.young2080.com / MK NEST www.mknest.org / 한국리더십학교 www.leadershipkorea.org

8. 영혼을 양육하는 경험을 하라.

교사에게 가장 필요한 것은 사랑이다. 특히 기독교사는 학생을 영혼으로 보고 그들이 하나님의 형상을 회복하도록 돕는 일에 부름 받은 사람들이다. 무엇보다 영혼을 사랑하는 마음과 그 영혼의 필요를 볼 수 있는 눈을 가져야 한다. 이러한 것을 준비하기 위해 가장 좋은 방법이 주위의 후배나 친구를 영적으로 돕고 섬기는 양육자로서의 경험을 해보는 것이다. 이것은 기독교사가 학원복음화 사명을 감당하기 위해서 중요하게 요구되는 훈련의 영역이다. 그리고 다른 영혼을 도와보면서 자신이 영적으로 성숙하는 것을 경험하게 될 것이다.

내가 먼저 주님의 제자로 자라가야 한다. 소경이 소경을 인도할 수 없다. 말씀의 눈을 떠가고 기도의 맛을 알 때 비로소 영적인 리더의 삶을 살 수 있는 것이다. 그러기에 무엇보다 자신이 먼저 변화되고 장성한 그리스도인 되도록 자라가길 힘써라.

자신의 내적인 문제를 먼저 하나님께 치유함 받으라. 자신의 문제가 매여 있으면 다른 영혼을 돌아볼 마음의 여유가 없다. 내면의 상처와 아픔들을 주님께 내어놓고 치유함 받는 것이 선행되어야 한다.

영혼을 향한 주님의 마음을 배워라. 그 영혼을 향한 주님의 마음을 볼 수 있다면 다른 영혼에게 헌신할 수 있는 내적인 사랑의 에너지가 나오게 될 것이다.

양육할 사람들을 붙여달라고 주님께 기도하라. 주님께서는 잃어버린 양을 맡길 영혼의 목자를 찾고 계시다. 그러므로 가만 앉아서 기다리지 말고 적극적으로 사람들과 접촉해야 한다.

소수의 사람에게 집중해야 한다. 복음을 전하는 전도는 가급적 많은 사람에게 하면 좋겠지만, 양육은 소수의 영혼들에게 집중적으로 헌신하는 것이 꼭 필요하다. 예수님도 12 제자를 세우는데 그의 공생애 기간동안 가장 집중하셨다. 예수님이 그러할진대 우리는 어떠하겠는가.

성경교사로 성경에 탁월하기에 힘써라. 양육에 있어서 목표는 그리스도의 제자로 성장케 하는데 있다. 그러기 위해 말씀을 잘 먹어야 한다. 성경을 가르치면서 피양육자가 말씀을 깨닫고 순종해가는 것을 보는 것은 엄청난 기쁨이다.

삶에 본을 보이라. 양육은 성경만 가르치는 것 이상이다. 그리스도의 제자답게 삶이 변화되는 것이 궁극적인 목표이기 때문에 그의 삶이 여러 영역에서 주님의 제자답게 되도록 관심을 가지고 권면해야 한다. 말보다는 삶이 흘러가는 것이 가장 좋은 양육의 비결이다. 자신이 먼저 영적인 훈련과, 삶의 성령의 열매를 맺기에 힘써라.

관련도서-제자양육-「멘토링」밥빌, 디모데 /「영적 훈련과 성장」리처드포스터, 생명의 말씀사 /「제자도」데이빗 왓슨, 두란노 /「제자삼는 기술」리로이 아임스, 네비게이토 /「형제를 위하여 깨어지는 삶」(소책자 시리즈 11), 케파 셈팡기, IVP −내적치유−「상한 감정의 치유」데이빗.A. 씨맨스,두란노 /「결혼 전에 치유 받아야할 마음의 상처와 아픔들」주서택, 순출판사 /「관계를 통한 하나님의 형상빚기」더글러스 웹스터, 성서유니온

9. 하나님의 마음으로 세상을 바라보고 품는 훈련을 하라.

하나님은 지금도 살아 계셔서 섭리하시는 열방의 주요, 역사의 주인이시다. 그분을 알아가는 것은 그분이 바라보는 마음과 생각을 품는 것을 포함하는 것이다. 시대와 역사를 바라보시며 안타까워하시고 회복케 하시려는 주님의 마음을 품는 것은 매우 중요한 것이다. 자신의 문제를 이제 좀 벗어나 세상을 향한 주님의 뜻에 기울여 보자. 주님은 교회만 관심이 있는 그러한 좁은 분이 아니시다. 교회와 세상을 이분법적으로 바라보는 이원론적인 생각을 버리고 사회적 영성을 갖는 것이 필요하다.

우선은 속해있는 캠퍼스의 문제에 관심을 갖자. 캠퍼스에 있는 여러 가지 문제에 관심을 갖고 나름대로 기독인의 양심을 가지고 참여하자.

세상의 문제에 대해 적극적으로 관심을 가져라. 신문과 뉴스에서 세상에 일어나는 일에 보이지는 않지만 개입하시는 주님의 뜻이 무엇인지 끊임없이 물어보자.

기독시민으로서 정치, 경제, 사회, 문화를 어떻게 바라볼 것인지 바른 안목을 갖자. 그러기 위해서 적극적인 참여가 필요하다. 예를 들면, 유권자 운동 같은 것에 참여하며 이 나라에 하나님의 공의가 이루어지도록 기도하는 것이 필요하다.

특히 기독교사로 서게 될 예비기독교사로서 민족의 교육계의 문제에 대해 관심을 갖는 것은 매우 필요하다. 하나님이 원하시는 교육이 어떠한 것이고 이 땅 가운데 어떻게 실현될 수 있는지 고민 해보자. 그리고 교육계를 위한 중보 기도를 시작해 보자.

소외된 자를 관심을 기울여 보자. 주님은 소외된 자에게 관심의 우선권을 두라고 하셨다. 장애우, 외국인노동자, 자유이주민(탈북자)등에 대해 관심을 갖고 그들을 섬기고 기도하길 권하고 싶다.

국제적인 문제에 관심을 갖자. 관련서적도 보고 기도도 하는 것이 필요하다. 국제적인 문제에 대해 관심을 환기시키고 도움을 주기 위해 실시하는 '사랑의 빵', '기아체험 24시', '기아대책 마라톤 대회' 등 다양한 이벤트에 참가해 보는 것도 좋은 방법이다.

통일에 대해 관심을 갖고 실천하자. 북한을 위한 사랑의 실천 운동에 참여하고, 북한에 대해 공부하자. 특히 통일을 준비하는 기독교사가 되기 위해 북한교육과 관련지어 통일교육에 관심을 갖고 공부하길 권한다.

도움말 ────

기독교 관련단체의 프로그램에 참여하거나 방문해보는 것을 권한다. 관련단체로는 기독교윤리 실천운동, 남북나눔운동, 국제기아대책기구, 월드비전, 통일교육문화원, 공의정치포럼, 희년선교회, 밀알선교단 등이 있다.

관련도서 「온전한 그리스도인이 되려면」 존스토트, IVP / 「도전받는 현대 기독교」 오스기니스, IVP / 「그리스도인의 현실 참여」 김세윤, IVP / 「가난한 시대를 사는 부유한 그리스도인」 로날드 사이더, IVP / 「기독교 역사관(소책자 시리즈 49)」 스탠포드 리드, IVP (다음 페이지 계속)

「정의로운 정치」 폴 마샬, IVP / 「한국 기독교의 역사적 책임」 백종국, IVP / 「새로 쓴 성서한국을 꿈꾼다」 이승장, 홍성사

관련단체 기독교윤리실천운동 www.cemk.org / 한국국제기아대책기구 www.kfhi.or.kr / 낙태반대운동연합 prolife.or.kr / 공의정치포럼 www.justpolitics.or.kr / 공선기위 www.wisevote.org /월드비전 www.worldvision.or.kr / 남북나눔운동 http://sharing.net   기독언론 복음과상황 www.goscon.co.kr / 청년매거진 새벽이슬 www.dawndew.com / 뉴스엔조이 www.newsnjoy.co.kr

준. 비. 된. 교. 사. 가. 아. 름. 답. 다

제 3부
전문성

전문성

하나님은 이 세상 만물을 만드시고 친히 다스리고 계신다. 동시에 그 분은 자기 백성에게 나름의 은사를 허락하시고 창조 세계의 각 부분으로 파송하사 하나님을 대신해서 그 영역을 정복하고 다스리며 지키게 하신다. 인간은 하나님의 이러한 부르심에 응답하여 최선을 다해 일함으로써 그분의 부르심에 응답하며 하나님의 나라를 세워 가는 일을 한다. 이러한 부르심을 우리는 흔히 '문화적 사명'이라고 부르며, '복음전도의 사명'과 더불어 그리스도인의 중요한 사명으로 불린다.

이러한 부르심에 제대로 응답하고 사역하기 위해서는 자기가 부름 받은 영역에 대해 제대로 알아야 한다. 이러한 각 영역에 대한 지식은 지금까지 인류가 학문과 문화 활동·노동을 통해 상당히 축적해 놓았다. 이 가운데는 기독교인들이 만든 것도 있고, 비기독교인들이 만들어 놓은 것도 있다. 누가 만들었든 이들이 하나님이 주신 이성과 감성을 통해 하나님의 창조 세계를 대상으로 연구했다는 차원에서 볼 때 대부분 하나님의 세계를 이해하고 이를 섬기기 위한 수단으로 유용한 것들이다. 그러기에 자신이 부름 받은 전문 영역에 대한 전문성을 쌓아 가는 일은 신앙과 별개의 세속적인 일이 아니라 하나님을 섬기는 일이며 주께 하듯 마음을 다하여 힘써 해야될 일이다.

전문 영역에 대한 지식을 쌓아 가는 일과 동시에 해야될 일은 자신이 배운 전문성의 의미와 목적을 되새기며 이를 통해 어떻게 하나님과 이웃을 섬길 수 있을 것인 지에 대해 창조적인 고민을 하는 것이다. 하나님의 창조 세계는 모든 가능성이 숨겨져 있지만 그것이 다 드러나 있지 않기 때문에 하나님의 백성들이 연구와 노동을 통해 그 풍요로움이 더 드러나야 한다. 동시에 죄로 인해 왜곡된 자연과 피조물, 그리고 죄악된 구조로 인해 고통 가운데 있는 많은 사람들은 하나님의 백성들의 신음 소리를 듣고 여기에 응답할 수 있어야 한다. 그러므로 기독인들은 자신의 전문 영역 가운데서 하나님의 창조 질서를 회복하고 정의와 사랑의 섬김을 통해 고통받는 사람들의 고통을 덜어주어야 할 의무를 갖는다.

전문성에 대한 기독교사의 태도와 관련하여 두 가지 극단을 발견할 수 있다. 한 극단은 학교를 영혼을 구원하는 황금어장으로서만 의미를 부여하고 수업, 생활지도, 학교행정 등 교사의 전문성은 소홀히 하는 경우다. 이 경우는 하나님에 대한 열심은 있으나 올바른 지식에 근거하지 않은 열심이기 때문에 교사로 부르신 하나님의 뜻을 온전히 이룰 수가 없다. 이런 교사들은 학교의 중심에 서지 못하고 늘 주변부에 머물 수밖에 없다. 복음 전파도 마치 죄를 짓는 것처럼 숨어서 혹은 눈치를 보면서 전하게 된다. 그리고 전문성에 대한 인정을 받지 못하기 때문에 복음 전파도 금방 한계에 직면하게 된다. 삶의 핵심을 건드리지 못하기 때문이다.

다른 한 극단은 교사의 전문성을 열심히 추구하되 그리스도인의 부르심에 대한 의미와 목적과의 연관성 없이 자신을 드러내거나 무언가에 쫓겨서 달려가는 경우다. 이들 역시 복음 전파와 교육활동을 이원론적으로 분리 한다. 하지만 이들은 복음을 부끄러워하거나 복음 전파로 인한 불이익을 두려워한다. 이들에게 있어서 전문성 신장도 교사로서의 자기 만족이나 승진을 위한 수단, 학교에서 인정을 받기 위함에 머무르는 경우가 많다. 이들 역시 나름대로는 열심히 생활하지만 결국 열매를 맺지 못한다.

하지만 균형 잡힌 기독교사들은 학교에서 복음을 전하고 아이들의 영혼을 구원하는 일에 최우선적인 의미 부여를 하지만, 학교가 갖는 일정한 시기의 아이들에게 인류가 쌓아놓은 교양적인 지식을 전수하며 사회성과 민주시민 의식을 교육하는 일반 은총적인 의미를 무시하지 않는다. 뿐만 아니라 이러한 교육활동을 기독교적 정신으로 잘 소화하여 수업과 생활지도라는 구체적인 교육활동을 통해 아이들을 복음으로 이끌어 간다. 그리고 이러한 교사들이 행하는 복음 전파 활동 역시 능력 있는 교육활동으로 인정을 받게 된다.

교사의 전문성과 관련하여 양극단에 치우친 교사가 되느냐 혹은 균형 잡히고 능력을 발휘하는 교사가 되느냐 하는 것은 예비교사 시절을 어떻게 보내느냐에 달려있다. 우선 영적인 훈련을 쌓고 공동체를 섬기는 일과 전문성을 쌓는 일은 결코 모순된 일이 아니라 서로 연관되어 시너지 효과를 갖는 일이라는 것을 명심해야 한다. 우리의 전문성이 교육이라는 하나님의 창조 세계와 법칙을 잘 알아 이를 통해 아이들을 섬기며 하나님의 나라를 섬겨가는 것이기에 영성과 공동체에 대한 훈련의 바탕 위에서 더욱 잘 이루어질 수 있다.

둘째로 대학 시절 전문적인 소양을 쌓는 일을 나의 신앙과 관계없는 별도의 일로 보는 것이 아니라 하나님을 믿고 섬기는 일로 보는 태도가 필요하다. 이는 대학의 공부가 이후 하나님의 일을 하는데 있어서 필요한 수단이 되며 공부 자체가 하나님의 일이라는 의미도 포함한다. 이런 자세로 공부를 하는 사람은 단지 학점에만 얽매이지 않고, 그 학문이 본래 추구하고자 하는 목적에 맞게 폭넓은 공부를 하게 되며, 기독교적인 세계관에 근거하여 배운 것을 비판하며 새로운 것을 세워 보는 것도 하게 된다. 그리고 그 배움이 이후 교육 현장에서 어떻게 사용될 것인 지에 대해서도 늘 염두에 두고 공부를 하게 된다.

셋째로 우리의 전문성을 단지 대학의 학과에만 제한하지 않도록 주의해야 한다. 대학의 교육과정이 교사로서의 전문성을 갖기 위한 기본적인 과정인 것은 사실이지만 충분한 것은 아니다. 그리고 어떤 부분은 불필요하거나 별로 중요하지 않은 부분이 강조된 부분도 있다. 그러므로 예비교사들은 '교사의 전문성'에 대한 본질적인 고민을 통해 대학의 교육과정을 뛰어넘어 다양한 기독기관이나 사회기관 등을 통해 필요한 부분들을 습득해 나가는 적극적인 자세를 가져야 한다.

| 간 | 증 |
대학 시절의 몸부림, 내 교직 생활의 자산   윤소영(서울 문래초)

대학을 졸업한지 엊그제 같은데 곧 현장에서의 세 번째 방학을 맞이하게 된다. 작년에는 톡톡 튀며 개성이 강한 아이들과 여러 경험을 하며 일년을 지냈다면 올해는 올망졸망 귀여운 아이들과 알콩달콩 재미있게 지내고 있다. 하루하루 지나고 창밖의 풍경들이 바뀌면 바뀔수록 아이들과의 일상은 자연스레 나에게 소중한 삶의 자락으로 자리잡고 있다. 하지만 매일 퇴근하는 길에 아이들의 얼굴을 떠올리며 기뻤던 점들, 아쉬웠던 점들을 떠올리면 아직도 나에게는 많은 훈련과 연단이 필요하다는 것을 절실히 느끼게 된다.

나는 대학교 2학년 여름방학 때 기독교사로서의 부르심에 응답을 하게 되었다. 그전까진 교사란 하나의 수단으로서의 직업으로 인식하고 있었을 뿐이었다. 그러나 주님의 인도하심으로 나의 세계관이 뒤집어지면서, 먼저 내 삶 속에서 선교사로 살아야 하며, 내 직업을 통해 그리스도를 드러내야 하며, 여러모로 준비되어야 한다는 것을 깨닫게 되었다. 이 사건을 계기로 나의 삶은 크게 바뀌었다.

새로운 마음으로 2학년 2학기를 맞이하고 캠퍼스로 돌아간 나는 먼저 함께 교육에 대해 고민하고 준비하는 동역자를 찾고자 했다. 2명의 기도모임으로 시작한 예비교사모임은 시간이 흐르면서 조금씩 조금씩 하나님께서 그 길을 열어주셨다. 하지만 무엇을 구체적으로 준비해 나가야 할 것인가에 대한 고민과 여러 자료들에 대한 갈증으로 허덕였다. 그 즈음에 98년 기독교사대회 자료집인 '다음세대를 책임지는 기독교사(IVP)'가 나왔고, 난 그 책을 읽으며 무한한 감동을 느끼며 그 귀한 대회에 참석하지 못하고 2년을 기다려야 한다는 사실에 너무나도 안타까워하였다. 그러다가 모 교사단체에서 펴낸 자료집을 구하게 되었다. 그 자료집을 예비교사모임의 텍스트로 삼고 지체들과 함께 공부해 나가며 소명, 교과지도, 생활지도, 학급운영, 청소년문화, 교육개혁과 교사문화 등에 대한 마인드를 조금씩 일깨워 갔다. 그런 후 방학이 되자 교사모임의 수련회에 참석하며, 많이 깨지며, 시야가 넓어지는 잊을 수 없는 경험을 하게 되었다. 그 수련회에서 나누어지는 여러 기독교사들의 실제적인 삶들을 보며 많은 도전을 받고 다시금 기독교사로서 부르신 하나님께 감사하였다.

그 당시엔 뭔가 하나라도 더 알고픈 마음에 기독교 교육과 관련된 서적이라면 용돈을 털어서라도 샀으며, 신문 등에 나오는 교육 관련 기사들은 스크랩을 하며 예비교사모임에서 함께 나누기도 하였다. 그리고 도서관에 비치된 여러 교육관련 잡지와 신문들을 보며 현 교육의 흐름에 대해 파악하기도 하였다. 나에게 학과 공부란 단순히 학점을 따기 위한 수단이 아니라 기독교사로서 어떤 안목을 가지고 어떻게 가르쳐야 할 것인가에 대한 고민 속의 공부였다. 어떻게 신앙과 학문이 통합되어 바라볼 수 있을까 하는 안목을 찾고자 여러 기독교 세계관 서적을 뒤적거리기도 하고, 기독교사들의 교과 모임에 나가기도 하였다. 그리고 기학연이나 기독학술교육동역회 자료를 받아보며 기독교적인 학문관에 대해 고민하기도 하였다. 좀더 기독교적인 안목이 들어간 리포트나 수업지도안을 짜고자 노력했지만 빈번히 마음에 차지 않아 실망한 적도 한 두번이 아니었다.

4학년 2학기, 임용고사 공부하기에도 바쁠 시기에는 시간과 용돈을 쪼개가며 레크레이션 과정을 이수하기도 하고, 판토마임, 국악, 교육매체 제작 등을 찾아다니며 적극적으로 배웠다. 그리고 매 방학마다는 지체들과 함께 기독교 대안학교를 방문하기도 하고, 기독교사들의 연수가 있다면 적극적으로 찾아다니면서 배우기도 하였다. 지금 내 책상의 책꽂이에는 학부 시절에 모은 여러 기독교 교육 관련 서적과 자료들이 소중하게 꽂혀져 있다. 지금 생각해보면 그 당시 그러한 열정이 어디에서 나왔나 하는 생각마저 들 정도이다.

특히 전문성 부분에서 내가 비중을 두어 고민한 것 중의 하나는 인간관계 문제였다. 2학년 1학기 때까지만 해도 난 온실 속의 화초처럼 기독인들의 공동체 안에 파묻혀서 믿지 않는 이들과의 관계 맺기를 어려워하곤 하였다. 현장은 바로 들판과도 같을 텐데 이러한 연약한 모습으로서는 쉽게 꺾이고 말 것 같다는 생각이 들었다. 그래서 믿지 않는 이들과 함께 어울리고자 노력하였다. 그리고 예전에는 관심을 보이지 않았던 과 일이나 학생회의 여러 사안들에 관심을 가지고 대자보를 유심히 보기도 하였다. 지금 현장에 나와서 믿지 않는 선생님들이 나를 칭찬하는 사항 중의 하나가 술을 마시지 않는데 술자리 등의 회식 자리에 끝까지 자리를 지키고 앉아 교육 문제 등을 놓고 함께 이야기를 나눈다는 점이다. 자신이라면 술을 마시지 않고 끝까지 자리에 남아 있지 못한다고, 가장 하기 힘든 일을 한다고 종종 술자리에서 나를 칭찬하시곤 한다. 하지만 나에게도 캠퍼스 시절의 약간의 아쉬움이 남는다면, 과 일이나 학생회 일에 좀더 적극적으로 참여하며 대안을 만드는 일에 힘쓰지 못했다는 점이다.

현장에 나와서 느끼는 점은 현직교사가 되면 가르침의 기반이 되는 교육철학이라든가 안목, 마인드에 대해 진지하게 고민할 시간적, 마음적 여유가 거의 없고, 쉽게 적용할 수 있는 실제적인 면에만 관심을 기울인다는 점이다. 그리고 자신이 스스로 자료를 만들기보다는 누군가가 만든 자료를 쉽게 얻어가려고 하는 모습이 주를 이룬다는 점이다. 난 예비교사들에게 대학 시절에 철학과 안목, 마인드를 다져나가기에 힘쓰라는 말을 하고 싶다. 거기에 덧붙여 자신들의 고민 등을 글이나 자료로 정리하여 네트워크화하여 다른 지체들과 함께 나누며 섬기고자 하는 마음을 가져달라고 하고 싶다. 그리고 단순히 눈앞에 보이는 손실만 따지지 않고 미래를 생각하며 다양한 것들을 적극적으로 접해보라고 하고 싶다. 그러나 현장에 나가서 다른 이들에게 '좋은교사'라는 칭호를 얻기 위해 노력하라고는 하고 싶지 않다. 하나님 앞에서 '좋은교사'라 불리울 수 있도록, 하나님께서 주신 자신의 소명을 잘 감당할 수 있도록 선한 믿음의 경주를 지속적으로 하라고 권면하고 싶다.

물론 이렇게 기독교사로서의 전문성 부분에서 학부 시설에 나름 대로 많이 노력했다고 해서 지금 기독교사로서 온전히 서있다고 말하기는 어렵다. 하지만 학부 시절에 다져진 기독교사로서의 훈련은 지금도 힘든 교단생활에서 포기할 수 없는 큰 힘이 되고, 더욱 나를 격려하며 좀 더 노력할 수 있도록 채찍질 해준다. 난 다시 태어나서도 기독교사로서 아이들과 더불어 살고 싶다. 유능한 교사라는 것보다는 먼저 하나님 앞에 바로 선 교사, 끊임없이 하나님 앞에서 고민하며 노력하는 교사로 아이들이 나를 기억해 주었으면 하는 바람이다.

| 쉬 | 어 | 가 | 는 | 코 | 너 |
"교사가 되면 무엇이 좋은가요?"

직업에 대한 선호는 개인의 가치관에 따라 다르겠지만, 교사라는 직업이 갖는 장점을 소개하면 다음과 같습니다.

첫째, 교사는 아이들의 영혼과 부딪히는 일을 한다는 것입니다. 일반적으로 말하면 이 일은 굉장히 부담스럽고 힘든 일이며 책임이 막중한 일입니다. 하지만 영원한 생명과 진리를 소유한 그리스도인의 경우 하나님을 의지하는 마음으로 도전할만한 일입니다. 아이들의 영혼에 참 생명과 진리되신 예수 그리스도와 올바른 삶의 길을 보여주고 인도해줄 수 있다는 것은 얼마나 영광스러운 일인지요.

둘째, 교사는 자율성과 전문성을 인정받는 일이라는 것입니다. 물론 국가에서 제정한 교육과정과 국가공무원으로서의 조직 체계의 통제를 받습니다. 하지만 아이들의 생활을 지도하고 수업을 하는 시간은 교사가 어느 정도 이상의 자율성과 전문성을 보장받습니다. 교사의 자질이나 능력에 따라 그 시간의 질은 엄청난 차이를 보입니다. 다른 사람이 시켜서가 아니라 자신에게 주어진 자율성과 전문성에 부끄럽지 않고 당당하기 위해 준비하고 노력하게 됩니다.

셋째, 교사는 신분이 보장된 안정된 직업입니다. 물론 이 안정성이 반드시 좋은 것만은 아니어서 사람을 안일하고 나태하게 만드는 부정적 영향을 미치기도 합니다. 하지만 국가가 아닌 하나님이 자신을 교사로 세우셨다는 확신을 가진 교사들에게는 이러한 안정성이 불필요한 부분에 신경을 쓰지 않게 하고 학생들을 잘 가르치고 지도하는 일에만 헌신하게 하는 긍정적 영향을 미칩니다.

넷째, 교사는 비교적 시간적인 여유를 가집니다. 대학생들과 비교할 바는 아니지만 정상적인 출퇴근이 가능해 퇴근 후 시간을 활용할 수 있고, 방학을 이용해 쉼을 누리고 자기 계발을 할 수 있습니다. 이는 대부분의 직장인이 누릴 수 없는 매우 큰 혜택입니다.

10. 전공 교과에 대한 학문적인 통찰력과 가르침에 대한 안목을 가져라.

현 대학생들의 자화상을 그려본다면 진지한 학문 탐구보다는 시험, 리포트, 취업 등에 얽매여 학점을 따기 위한 임시방편적, 겉핥기 식의 공부에 전념하고 있다는 점을 들 수 있겠다. 하지만 진정한 기독대학생이라면 학문에도 정통하며 비전을 가져야 할 것이다. 하나님께서 우리에게 학문의 기회를 주신 것은 우리 모두에게 지식을 쌓을 뿐 아니라 다니엘처럼 비전을 가지고 이 시대의 징조를 깨닫기 원하시기 때문이다.

어떻게 가르칠 것인가 고민하고 적용하며 공부하라. 보통 교대와 사대의 커리큘럼은 빡빡한 편이고, 평소에 리포트나 조별 과제도 많이 있다. 또한 임용고사에 내신도 들어가기 때문에 대부분의 학생들이 시험이 있을 때 단편 암기식의 공부를 열심히 하기 마련이다. 하지만 우리는 예비기독교사로서의 비전을 가지고 있으므로 다른 예비교사들과 달라야 한다. 순간의 위기를 넘기는 임시방편적인 공부를 하는 것이 아니라 미래의 아이들과의 만남을 생각하며 지금 공부하는 것을 후에 어떻게 적용하며 가르칠 것인가에 대해 고민하며 공부하는 자세가 절실히 필요하다.

학자나 선배들의 고민을 찾아보며 학문을 깊이 보는 훈련을 하라. 강의실에서 이루어지는 수업에 만족하지 말고, 내가 지금 전공하고 있는 교과에 대한 현 쟁점 사항이라든가, 학자나 선배들은 어떠한 면에서 고민하고 있는가에 대해 적극적으로 찾아보고 자신의 관점을 정립해본다. 아이들에게 기독교사로서 영향력을 십분 발휘하기 위해서는 깊이 있는 고민과 안목을 던져줄 수 있도록 학문의 탁월성을 키우는 훈련이 절실히 필요하다.

교생실습에 성실히 임하며 적극적인 교육활동을 펼쳐라. 학부 시절에 교대의 경우에는 많으면 3번, 사대의 경우는 보통 1번 정도 교생실습을 나가게 된다. 이때 교생실습을 학점 이수의 한 과정으로 임하는 것이 아니라, 미리 예비 선교사로서 선교지 정탐을 한다고 생각하고 하나하나 심혈을 기울여 실습에 임한다. 또한 캠퍼스별로 방학 때 농촌 등으로 교육활동을 나가는 경우가 있으면 적극적으로 참여하며 아이들과의 가르침 현장에서의 만남을 많이 가져본다.

재미있고 효과적인 교수 방법에 대한 고민을 해 보라. 단순 강의식으로는 요즘 아이들에게 배움에 대한 흥미를 유발시키기 힘들다. 학기 중이나 방학에 열리는 교과와 관련된 세미나에 참석하거나, 시중에 나와있는 관련서적을 독파하며, 아이들에게 무엇을 가르칠 것인가 하는 교육 내용에 대한 고민과 아울러 아이들에게 어떻게 가르칠 것인가에 대해서 고민해 보며 하나씩 정리해 본다.

관련도서 「협동학습」케이건, 디모데 / 「아이들과 함께 하는 협동학습 기본; 심화」협동학습연구회, 기윤실 / 「함께 하는 도덕수업」김현섭외4인, 협동학습연구회 / 「신나는 국어수업」김지태외 4인, 협동학습연구회
관련사이트
협동학습연구회 www.educoop.njoyschool.net / 즐거운 학교 www.njoyschool.net(전국교과모임 사이트 다수 포함됨) / 에듀넷 www.edunet4u.net / 한국교육개발원 www.kedi.re.kr

11. 성경적인 세계관으로 교과를 분석하고 해석하는 능력을 갖추어라.

기독교사는 수업 시간에 아이들에게 교과에 대한 지식을 그대로 전달하는 임무에 만족해서는 안 된다. 기독교사의 수업 시간은 지식 전달 속에 단순히 종교적인 어휘를 몇 마디 넣는 것이 아닌 포괄적인 의미를 담고 있다. 목표, 내용, 방법, 평가의 전 과정이 성경적 정신에 일치할 때 비로소 올바른 수업을 하고 있다고 할 수 있다.

성경적 세계관을 토대로 학문관을 정립하라. 먼저 하나님께서 이 학문(교과)의 영역으로 자신을 부르신 하나님의 의도에 대한 묵상과 감사, 이를 위한 헌신의 자세를 가지는 것이 우선이다. 그리고 자신이 맡은 교과가 하나님의 창조 영역에서 어떤 부분을 차지하며, 인간의 타락으로 인해 어떻게 왜곡되었으며, 거듭난 그리스도인이 어떻게 회복을 위한 노력을 해야 하는 것인지 등에 대한 분명한 성경적 안목을 가지고 있어야 할 것이다.

전공 분야에 대한 성경적 안목을 갖기에 힘써라. 자신의 묵상, 고민과 함께 미리 이 부분에서 고민한 신앙의 선배들의 직·간접적인 도움을 받는 것이 필요하다. IVP출판사에서 나온 '신앙으로 본 시리즈'나 CUP 도서들을 참고하거나, 기독학술교육동역회나 기독학문연구소 등에서 주최하는 관련 세미나에 참석하며 신앙 선배들의 고민과 안목을 접해보는 것도 의미가 있다.

교수님의 강의나 세상의 주류 이론에 대해 비판적으로 사고하는 훈련을 하라. 무조건적으로 그러한 이론들을 받아들이는 것이 아니라 끊임없이 묵상하며,

자신의 고민을 보태는 훈련을 한다. 또한 성경적 세계관으로 조명해보고, 수업 시간에 기회가 주어지면 자신의 관점을 논리적으로 이야기할 수 있도록 노력한다.

현 교과의 교육과정을 분석해보며, 교과의 주요개념에 대한 기독교적인 의미를 정립하라. 우리나라 교육은 교과서를 가르치는 것이 아니라 교육과정을 가르치는 것이라고 누누이 강조하는 것처럼 교육과정을 절대시하는 경향이 있다. 이러한 교육과정에 나와 있는 교과의 성격, 교육목표와 방법, 평가 등에 대해 성경적 관점으로 분석, 비판을 하며 정리해본다. 또한 그 교과의 핵을 형성하는 개념들에 대해 일반적으로 교과서에 제시하는 개념과 기독교적인 정리를 해두면 교과의 일관성을 유지할 수 있을 것이다.

기독교적 수업을 위한 지도안을 짜보거나 좋은 자료를 모으고 만드는 경험을 해봐라. 아무리 설익고 부족하더라도 교과에 대해 묵상을 하며 적극적으로 수업 지도안을 짜고 공유하며 피드백을 가지는 기회를 종종 가진다. 또한 각 단원별로 그 단원과 관련된 기독교적 관점에서 서술된 자료나 기독교 정신을 잘 표현한 자료를 찾아보거나 스스로 만들어 보는 것도 좋은 경험이 될 것이다.

도움말 ─────────

여기에 대해서는 이미 많은 고민을 해온 기독교학교연구회(dreamproject.or.kr)의 도움을 받는 것도 좋을 것이다. 또한 기독교학교연구회에서 열리는 '드림교사연수'에 참가하거나 아세아연합신학대학교 교육대학원에서 '교육과정'을 공부하는 것도 교과에 대한 성경적 안목을 넓히는 데 좋은 방법이 될 것이다. (관련 도서는 75페이지로 이동)

12. 올바른 인간관을 정립하고 생활지도의 철학을 세워라.

아이들을 가르친다는 것은 단지 교과에만 국한되는 것이 아니다. 먼저 아이들의 기본 생활 습관 태도를 점검하며, 아이들이 바른 길로 나아갈 수 있도록 도와주는 일관성 있는 생활지도가 필요하다. 여기에 우선되어야 할 것은 사랑과 공의의 균형과 함께 학생들을 어떠한 관점에서 바라보고 지도를 해야 할 것인가에 대한 고민이라 하겠다.

우선 성경적 인간관을 정립하라. 학생 이해는 근본적으로 인간 이해이다. 우리가 어떻게 인간을 이해하는가에 따라 교육목적과 학생을 대하는 방식이 달라질 수 있다. 여기에 대해 기독교 인간관에 대한 서적을 참고하거나 하나님 앞에서의 인간이란 어떤 존재인가에 대해 고민하며 인간의 한계와 하나님의 주되심을 깨닫는 개인적인 체험을 많이 가지도록 한다.

인간에 대한 인간학적 이해를 도울 수 있는 여러 자료들을 접해보아라. 여기에서 가장 흔히 고려되는 것은 심리학적인 이해와 사회 문화적인 이해이다. 초기 관계의 중요성, 아동기, 사춘기의 심리적, 문화적 특성, 문화가 인간에게 미치는 영향 등에 대해 서적이나 논문 등을 통해 알아보며, 현대 문화 속에서의 아이들의 위치와 필요 등에 대해 고민해 본다.

생활지도의 철학을 세워라. 아이들에게 어떠한 방향으로 생활지도를 해야 할 것인지, 특히 사랑과 공의의 균형을 어떻게 이루어 나갈 것인지, 일관된 기준을 어떻게 마련할 것인지에 대해 끊임없이 고민해본다. 그리고 생활지도의 구체적인 부분으로 체벌, 지각, 도벽, 친구 관계 등을 어떠한 방향으로 지도할 것인가에 대해 선배교사의 경험을 듣거나 참고 서적을 보며 조금이나마 고민한다면 후에 많은 도움이 될 것이다.

상담의 기초 훈련을 쌓아라. 생활지도시 아이들과 함께 대화로 풀어나가야 할 상황이 많이 발생하게 된다. 이 때 서로간의 공감을 형성하는 지혜로운 대화법이나 아이들의 성격이나 기질 등에 대한 이해가 있다면 훨씬 수월해질 것이다. 거의 대부분의 대학에서 학생생활연구소를 운영하는데, 그곳에서 이루어지는 여러 세미나나 검사, 훈련 등에 참여하며, 사람과 사람과의 만남과 관계를 어떻게 이어나갈 것인지에 대해 고민해 본다.

직접적으로 아이들을 만나는 기회를 많이 체험해 보아라. 이론과 실제는 다를 수 있다. 이론적으로 많이 아는 것도 좋지만 실제적으로 교회에서 교사를 해 보거나, 아이들을 개인적으로든 가르치는 경험을 해본다면 현실적인 인간관을 체험해 보는데 많은 도움이 될 것이다.

관련도서 「생활지도 워크북」 기독교사연합 / 「요즘 아이들 힘드시죠」 정병오외, 청우 / 「성숙한 부모 유능한 교사」 연문희, 양서원 / 「하나님, 전 그 애가 좋아요」 김미영외, 예영
관련단체 한국청소년개발원 www.youthnet.re.kr / 한국청소년 상담원 www.kyci.or.kr / 자녀안심하고 학교보내기 운동 www.safeschool.or.kr

13. 올바른 학급운영의 철학과 방향을 세워라.

가장 저지르기 쉬운 실수는 선배 교사들이 좋다고 하는 것은 무조건 다 끌어다 쓰다가 번번히 실패하거나 일회성 행사로 그치고 만다는 점일 것이다. 도전 정신은 좋지만, 그때만 반짝하는 이벤트보다는 교사의 교육철학이 일관되게 흐르는 학급운영의 철학을 세우고 방향을 자리잡아야 할 것이다.

학급운영을 통해 아이들에게 심어주고 싶은 목표를 설정하라. 많은 욕심을 부리지 말고 핵심 가치 몇 가지를 잡아보며 학급운영의 철학을 세우도록 한다.

학급운영과 관련된 사례를 접할 기회를 많이 가져라. 그때 가서 어떻게 하면 되겠지 하는 생각보다는 먼저 여러 사례들을 접하고 발령 후 학교와 아이들 상황에 맞게 융통성있게 운영해 나간다면 초임교사로서의 시행착오를 많이 줄일 수 있을 것이다. 학기나 방학 중에 하는 학급운영 세미나에 참석하거나, 학급운영 관련서적을 보며 미리 머릿 속에 미래의 교실 모습을 그려보는 기회를 가지도록 한다. 또한 독서나 인터넷 검색 등을 통하여 아이들에게 해줄 유익한 훈화 등 학급운영에 필요한 자료들을 수집하도록 한다.

교사의 리더십을 키워라. 리더십이란 경제, 경영계의 전유물이 아니다. 학급은 하나의 공동체이며, 교사는 그 공동체를 인도해주는 리더로서의 역할을 맡고 있다. 먼저 자신의 공동체관을 정리해보며, 올바른 경영철학을 세워보도록 한다. 또한 교회나 리더십 센터 등에서 운영하는 여러 훈련프로그램을 접해보거나 실제로 리더로 섬기며 다양한 경험을 쌓아보도록 한다.

레크레이션이나 캠핑 등 학급운영에 필요한 여러 기술을 익혀라. 아이들과 함께 호흡하기 위해서는 학급야영이라든가, 여러 학급행사를 운영할 기회가 많을텐데 여기에 도움이 될 만한 강좌나 기회가 있다면 적극적으로 임해보는 것도 좋을 것이다.

관련도서 「사랑이 넘치는 교실」 신병준, 성서교육회 / 「365일 열린 학급운영」 정기원, 우리교육 / 「빛깔있는 학급운영」, 우리교육 / 「학급운영 워크북」 기독교사연합, 「생활지도 워크북」 기독교사연합 / 「이 아이들을 어찌할 것인가」 김대유, 내일을 여는 책

|쉬|어|가|는|코|너|

임용고사는 어떻게 준비해야 하나요?

임용고사는 교사에 대한 선호도 증가, 교사지원자에 대한 기회 균등 부여, 질 높은 교사의 선발 등의 목적으로 1991년부터 국·공립 학교를 중심으로 실시되기 시작하여 최근에는 사립학교에도 확대되어 가고 있습니다. 임용고사는 현재 교사가 아니면서 준교사 이상 교원자격증을 소지한 자라면 누구나 응시할 수 있습니다.

임용고사는 한국교육과정평가원이 주관하여 각 시, 도 교육청별로 실시하며 매년 교사수급계획에 따라 시험일시, 장소, 과목, 배점비율, 응시자격 및 일정을 시험일 30일경 전에 공고합니다. 시험은 매년 12월 초, 중순경에 실시되고 있습니다.

교사의 길은 결코 쉽지만은 않습니다. 중등의 경우 '고시'라고 할 만큼 경쟁률이 높고 학습량이 많습니다. 다음과 같은 방법으로 열심히 준비한다면 좋은 결과가 있을 것입니다.

첫째, 임용고사에 대한 정보를 수집하십시오. 각 시,도 별로 1차, 2차 전형 과목, 배점, 가산점을 알아두고 기출문제 등을 갖고 있는 것은 기본입니다.

둘째, 합격한 선배들을 찾아보십시오. '경험보다 나은 것은 없다'는 말이 있습니다. 선배를 통해 시험에 대한 정보뿐만 아니라 공부 방법, 시간관리 요령, 스트레스 해소법 등 도움이 되는 여러 가지 정보를 얻을 수 있을 것입니다.

사랑은 내리 사랑이기 때문에 잘 도와줄 것입니다.

셋째, 자기만의 학습전략(계획)을 세우십시오. 임용고사는 적어도 1년 이상이 걸리는 마라톤입니다. 월별 계획, 주별 계획, 일일 계획과 같이 시간상의 계획도 세워야 하지만 공부형태(학원, 독학, study그룹, 인터넷 사이트 활용)도 결정해야 하며, 교재와 문제지 선택, 공부방법 등에 대해서도 신중히 생각해야 합니다. 이러한 결정은 자신만의 생각으로 하지말고 앞에 제시한 여러 가지 경로를 통해 임용고사 정보를 입수한 후 결정하고 조언을 구해보는 것이 필요합니다.

넷째, 가산점 점수를 꼭 어느 정도 확보하십시오. 가산점 제도는 시험점수와는 별도로 적용되는 점수로서 지원자의 실력이 평준화됨에 따라 시험 당락을 결정할 만큼 높은 비중을 차지하고 있습니다. 가산점에 필요한 자격증 등은 본격적으로 시험 준비에 들어가기 전에 취득해 두는 것이 좋습니다. 대학 재학기간에 복수전공이나 부전공을 신청한다거나 방학을 이용하여 워드프로세서 자격증이나 영어 시험 점수를 취득해두는 것이 좋겠죠.

다섯째, 학과공부에 충실하십시오. 교육학, 선공에 대한 수업을 잘 들으면 임용고사에 어느 정도 도움이 됩니다. 기독교사로 서기 위해 무엇보다 먼저 교사가 되어야 하겠죠. 기독교사는 학과에도 실력이 있는 교사입니다. 임용고사를 준비하는 것도 기독교사로 서기 위한 과정임을 잊지 맙시다.

14. 대중 문화와 매체를 접하고 올바로 이해하기 위해 힘써라.

텔레비전, 영화, 신문, 잡지, 만화, 가요, 뮤직비디오, 게임, 인터넷, 술, 담배 등 청소년들의 문화는 유해한 환경에 심각하게 노출되어 있고, 아이들의 정신력에 큰 영향을 주고 있다. 문화란 무조건 나쁘다는 입장을 가지기보다는 청소년들의 문화를 체험해보고 바로 잡을 수 있도록 지도해야 할 것이다.

먼저 자기 스스로가 유해사이트나 게임 등 여러 미디어에 불필요하게 빠져있는지 점검해 보아라. 과도한 시간을 미디어와 함께 보낸다면 분명 비생산적이고 소모적인 시간 활용을 하는 것이다. 하나님께서 주신 시간을 소중히 여기며, 자신 나름대로 미디어 사용에 대한 적정 기준을 두고 조금씩 절제하는 습관을 들이도록 한다.

지금 소비하는 문화 속에 어떤 메시지가 있는지 주의 깊게 살펴보아라. 특히 TV, 인터넷, 게임 등의 미디어 모니터링을 실제로 해보며, 유해한 미디어 프로그램이나 제품 등에 대해서는 인터넷을 통해 적극적으로 항의 메일을 보내도록 한다.

요즘 아이들이 좋아하는 미디어에 관심을 가지고 체험해 보아라. 문화 세대에는 문화적 접근이 필요하다. 무조건적으로 나쁘니까 멀리하는 것보다 요즘 아이들이 좋아하는 매체나 미디어에 관심을 가지고 체험해 보는 것이 더 큰 의미가 있다. 교회나 친척 중에서 아동기, 사춘기 학생들과 어울리며 그들의 문화를 함께 체험해보며 그 또래의 학생들을 이해해보는 기회를 종종 가지도록 한다.

재미와 동시에 기독교적 가치관을 자연스럽게 담는 문화를 창조할 역량을 기를 수 있도록 노력하라. 현재 나와 있는 미디어에 대해 무조건적으로 비판, 항의하는 것으로 그치는 것이 아니라 모든 사람들이 공감할 수 있는 건전한 대안을 내놓아야 할 것이다. 특히 공동체가 서로 협동하며 어울릴 수 있는 건전한 놀이 문화에 대한 고민을 해보도록 한다.

교육매체 제작 활용 능력을 키울 수 있는 강좌에 기회가 있다면 적극적으로 참여하라. 요즘 아이들은 미디어 세대여서 문자보다는 좀더 감각적이고 영상적인 것을 원한다. 아이들의 언어와 문화로 그들에게 다가가기 위해서는 내용뿐만 아니라 그러한 내용을 담을 기술적인 능력도 키워야 할 것이다.

도움말 ————

문화소비자운동과 관련하여 '깨끗한 미디어를 위한 교사운동'(약칭, 깨미동)이 교사아카데미를 정기적으로 실시하고 있다.

관련도서「그리스도와 문화」리쳐드니버, 대한기독교서회 /「기독교 문화관」로버트 E.웨버, 엠마오 /「대중문화 더 이상 침묵할 수 없다」신국원외, 예영 /「미디어 시내 딩신의 자녀는 안전하가?」퀀틴 슐츠, IVP /「출발! 신나는 미디어 수업」깨끗한 미디어를 위한 교사운동 /「사이버 공간에서 우리 아이 지키기」도나 라이스 휴스, 예영 /「대중문화 볼륨을 낮추라」강인중, 낮은 울타리 /「컴퓨터와 야한 아이들 그리고 순진한 부모」어기준, 아세아미디어

관련단체 깨끗한 미디어를 위한 교사운동 www.cleanmedia.njoyschool.net / 청소년 보호 위원회 http://www.youth.go.kr / 낮은울타리 http://www.wooltari.com

15. 교사 문화와 교육개혁에 관심을 가지고 고민해 보라.

어떻게 보면 기독교사의 가장 취약한 부분이 교사문화와 교육개혁 부분일 것이다. 기독교사는 주인의식을 가지고 학교 현장의 중심에 서서 불의한 제도 및 관행에 대해 지혜롭게 대응해야 할 책임이 있다. 기독교사 한 사람이 바로 서는 것 자체만으로도 학교 사회에서는 큰 변화를 일으킬 수 있다.

신문이나 뉴스, 여러 교육 관련 잡지 등을 통해 교육관련 이슈를 접하면 묵상하며 생각하는 훈련을 하라. 특히 자신이 관심 있거나 중요하다고 생각되는 교육 이슈 등을 스크랩을 하거나 다양한 관점을 인터넷 등을 통해 찾아보며, 자신은 어떻게 생각하는지 정리해본다. 더 나아가서는 주변의 예비교사나 현직교사와 교육 이슈에 대한 대화나 토론을 해보며 자신의 생각을 좀더 다져가고, 더 넓은 방향에서 생각해 볼 기회를 많이 가지도록 한다.

학과모임과 학생회 활동에 건설적인 비판과 대안을 가지고 참여해 보아라. 기독대학생들은 과모임과 학생회 일을 소홀히 하는 경향이 있는데, 하나님은 우리들이 그들 속으로 들어가기를 원하신다. 학과나 학내 문제 등에 관심을 가지고 캠퍼스 내의 대자보를 유심히 바라보며, 자신이 그 문제에 적극적으로 고민하며 건전한 대안과 여론 형성에 힘쓰도록 한다.

과 회식이나 행사 뒷풀이에 참여하며 믿지 않는 이들과 일정 부분 함께 어울리면서도 기독인으로서 구분되는 모습을 보이도록 하라. 대부분의 기독대학생들은 술자리로 이어지는 회식이나 행사 뒷풀이에 참석하는 것을 꺼려하는 경향이 있는데, 현장에 나오면 그보다 더한 자리도 있게 된다. 음주가무 등의 현 학생, 교사 문화에 대해 무조건적으로 거부만 하는 것이 아니라 일정 부분 함께 어울리면서도 대안이 되는 건전한 문화를 적극적으로 만들어 나가기에 힘쓰도록 한다.

우리나라의 고질적인 교육 문제를 놓고 고민해 보아라. 항상 문제가 되어오는 학벌, 입시, 교사대 교육과정에 대한 문제 등, 너무나도 많이 접해서 식상할 수도 있는 문제들을 놓고 교육개혁적인 측면에서 고민을 해본다.

국가가 주도하는 제도교육으로서의 학교, 공무원으로서의 교사, 의무 교육체제 등의 상황과 그 속에서의 기독교사 모습에 대한 고민을 해 보아라. 우리가 처해있는 상황은 우리의 교육 소신에 의해 자유로운 가르침을 펼칠 수 있는 상황이 아니라 국가의 틀에 얽매여 있는 상황이다. 이 속에서 과연 기독교사는 어떠한 모습을 가져야 할 것인지에 대해 고민하는 기회를 가진다.

관련도서 「좋은 학교 만들기 길라잡이」 좋은학교연구회, 기독교사연합 / 「현장교사가 바꾸는 교직문화」 기독교윤리실천운동 교사모임
관련단체 교육인적자원부 http://www.moe.go.kr / 교육개혁시민운동연대 www.edungo.or.kr / 전국교직원노동조합 www.eduhope.net / 한국교원단체총연합회 http://www.kfta.or.kr

64페이지 계속입니다 ──────────

관련도서— 기독교 세계관 입문–「죄 많은 이 세상으로 충분한가」 송인규, IVP / 「그리스도인의 비전」 브라이언 왈쉬 리차드 미들톤, IVP / 「기독교 세계관으로 살아가기」 알버트 그린, CUP / 「기독교적 세계관」 양승훈, CUP /「창조 타락 구속」 알버트 월터스, IVP / 「기독교 세계관과 현대사상」 제임스 사이어, IVP   −기독교적 학문관–「기독 신앙과 전공 과목」 케네스 헤르만 외, IVP / 「신앙의 눈으로 본 시리즈」(전 7권/IVP) −역사, 심리학, 음악, 생물학, 문학, 사회학, 경영 / 「강 교수의 철학 이야기」 강영안, IVP /「기독교적 학문 연구@ 현대 학문 세계」 조지 마스덴, IVP / 「오늘을 위한 철학」 손봉호, 지학사 −기독교적 교육관–「기독교 세계관으로 가르치기」알버트 그린, CUP 「가르침과 배움의 영성」 파커 팔머, IVP / 「어떤 교사가 될 것인가」 필립 메이, IVP / 「교실에서 하나님과 동행하십니까?」해로 반 브루멜른, IVP

관련사이트 기독학문연구소 www.kcsi.or.kr / 기독학술교육동역회 www.view.edu / 기독교학교연구회(기독교사연합 전문연구모임)www.dreamproject.or.kr

준. 비. 된. 교. 사. 가. 아. 름. 답. 다

제 4 부

공동체

공동체

우리의 구원은 개인적으로 이루어진다. 구원은 철저히 본인의 회개와 신앙 고백, 성화의 과정을 통해 이루어진다. 다른 어떤 사람이나 천사라도 그 사람의 신앙 고백을 대신해 줄 수 없다. 하지만 일단 신앙고백을 한다는 것은 사탄에게서 예수 그리스도에게로 속한다는 것을, 예수 그리스도라는 나무에 접붙임을 받는 것을 의미한다. 그 누구라도 이 나무에서 떨어져서는 예수의 생명을 유지할 수 없고, 구원을 완성해 갈 수 없다. 이런 차원에서 우리의 구원은 철저히 공동체적으로 이루어진다. 모든 그리스도인들이 공통적으로 고백하는 사도신경에는 '거룩한 공회(the Holy Catholic Church)와 성도의 교제를 믿는다'는 고백으로 표현되어 있고, "교회를 떠나서는 구원이 없다"는 말도 이런 차원에서 나온 말이다.

구원받은 그리스도인이 그리스도를 머리로 하는 보편적인 하나의 교회에 속해 있고, 여기에서 구원의 영양분을 공급받으며 자라가야 한다는 신앙 고백은 눈에 보이는 구체적인 신앙공동체에 속해서 함께 교제하며 자라가는 모습으로 표현이 되어야 한다. 보편적인 교회에 대한 신앙고백을 하면서 실제로 현실적인 공동체에 속하지 않은 사람은 실제로는 교회에 대한 믿음이 없는 사람이고, 또 건강한 신앙 성장을 거의 기대할 수 없다.

실제로 성경이 그리스도인의 삶과 성숙을 이야기할 때는 신앙공동체를 전제로 하고 있고, 성경이 말하는 그리스도인이 갖추어야 할 덕목들도 신앙 공동체 안에 있어야 훈련될 수 있는 것들이다.

현실적인 신앙공동체로서 가장 일반적이고 기본적인 공동체는 '지역교회'이다. 지역교회는 나이와 재산, 신분 등 모든 조건을 초월하여 모든 사람을 대상으로 하는 보편성, 신앙고백과 신학이 보다 체계화된 형태도 전수되는 역사성 등의 차원에서 보편 교회의 상을 가장 잘 드러낸 공동체라고 할 수 있다.

하지만 지역 교회만을 성도의 공동체로 제한할 필요는 없다. 역사상 많은 선교 단체들과 기독교 기관이 있어왔고, 이러한 단체들도 그리스도의 몸된 보편 교회의 특별한 한 면들을 잘 드러내고 하나님 나라의 특정한 부분들을 맡아 사람을 세우고 섬겨왔다. 선교 단체는 지역 교회와의 긴밀한 연관성 속에서 지역 교회의 약한 부분을 채워주고, 또 특정 부분을 강조하기도하면서 생성, 발전, 소멸을 해왔다.

기독교사의 삶도 공동체를 떠나서는 존재할 수가 없다. 기독교사의 사역 자체가 공동체를 세우는 일이며, 또 공동체 가운데서 기독교사로서 살아갈 수 있는 힘과 방향을 제시받을 수 있기 때문이다. 개별 기독교사의 상황이나 부르심을 따라 소속되어 힘써 활동하는 공동체는 다를 수 있으나 분명한 것은 이러한 공동체가 없으면 힘있는 기독교사의 삶이 불가능하다는 것이다. 특별히 학교의 상황은 치열한 영적 싸움의 현장이기에 혼자서는 도무지 감당할 수가 없다. 공동체를 통한 나눔과 영적인 공급이 없으면 지속적이고 능력있는 사역을 감당할 수가 없다.

기독교사가 속해서 활동할 수 있는 신앙 공동체는 대학 시절의 신앙 공동체와 연장선상에 있다. 대학 시절 소속하여 훈련받을 수 있는 공동체는 지역

교회, 선교단체(기독교 기관), 과기독인 모임을 들 수 있다. 교회는 대학 시절 이나 교사가 된 이후나 변함없이 자기 신앙의 기준을 잡아줄 수 있고 자신이 소속해 섬겨야 하는 기본적이고 필수적인 공동체다.

대학 시절의 선교 단체(기독 동아리)에 해당하는 것이 기독교사단체라고 할 수 있다. 기독교사단체는 기독교사들의 소명과 영성·전문성을 훈련시켜 주고, 서로 교제할 수 있는 장을 제공하여 준다. 기본적으로 기독교사단체는 기독교사들의 목회 공동체적인 특성을 갖는다. 여기서 하나 더 지적할 수 있는 것은 기독교사단체들의 연합체인 '기독교사연합'이다. 기독교사연합은 기본적으로 개별 기독교사단체 간의 교류와 협력을 만들어내는 역할을 한다. 그리고 여기에서 조금 더 나아가 전체 기독교사들의 힘을 합하여 이 시대 교육의 문제에 응답하며 성경적인 대안과 실천을 모색해가는 교육운동을 한다.

대학 시절의 과 기독인 모임에 해당하는 것이 개별 학교 단위의 신우회(기독교사회)다. 신우회는 일차적으로 학교 내에서 신앙을 가진 교사들이 서로 교제하고 말씀으로 격려하는 역할을 한다. 그리고 여기에서 조금 더 나아가 학교와 아이들을 위해 중보하고, 학교의 여러 부분들을 섬기며, 동료 교사들에게 복음을 전하는 역할을 한다.

그러므로 예비교사들은 대학 시절 반드시 하나의 신앙 공동체에 깊게 뿌리를 내려서 그리스도의 몸된 공동체의 비밀을 깨닫고 체험을 해야 한다. 예비교사 시절에 공동체의 맛을 보며 아픔을 극복해본 경험이 있는 사람이 현직에 나가서도 적극적으로 공동체에 속하며 그 가운데서 주시는 하나님의 복을 누리며 살기 때문이다.

　이는 공동체의 공식적인 말씀이나 프로그램 통해 배우고 훈련받는 것 이상을 의미한다. 공동체 가운데서 서로 부대끼면서 서로의 약점 때문에 아파하고 이로 인해 하나님께 나아가며 회개하고 서로 부둥켜 안고 울어봄으로써 통해 자아가 깨어지는 경험을 해야 한다. 서로가 자기보다 남을 낮게 여기며, 은사를 따라 겸손히 섬기며, 가장 약한 지체를 배려함을 통해 지체됨과 한 몸을 이루어 가는 경험도 필요하다. 자기의 필요보다는 공동체의 필요를 따라 섬기며, 자기의 가장 소중한 것을 지체를 위해 희생하는 것을 통해 말로 표현할 수 없는 하늘의 선물을 얻는 경험도 필요하고, 서로의 죄를 위해 고백하고 용서하는 경험도 필요하다.

　교대와 사대의 경우 졸업 이후 대부분 교사로서의 삶을 살게 된다. 그러므로 예비교사 시절의 공동체에 경험과 훈련은 이후 기독교사로서 살아가야 할 공동체적인 삶의 바탕이 될 뿐 아니라 평생 같은 길을 걸어갈 수 있는 신앙의 동지를 얻는 과정이 되기도 한다. 이러한 신앙의 동지의 소중함은 인생에 있어서 그 무엇과도 바꿀 수 없는 하나님의 소중한 축복이다.

| 간 | 증 |

공동체를 통해 얻은 보석   김태훈(서울 태릉중 교사)

올해로 교직 생활이 3년째 되었다. 지난 시간을 되돌아 볼 때 인간적인 혈기를 부린 적도 없지 않다. 지각이나 싸움 등의 잘못에 대해 강력한 체벌을 하곤 했으니 말이다. 그래봐야 1년에 매를 든 것은 손가락에 꼽지마는, 아이들은 나를 '평소엔 한없이 좋지만, 화나면 정말 무서운 선생님'으로 평가하는 것 같다.

올해엔 우리 반에, 수업 시간에 자기 화를 참지 못하고 두 번씩이나 박차고 나간 학생도 있고, 고등학교에 가지 않을 거라며 자포자기한 학생, 만성적으로 지각을 하며 생활의 의욕을 잃은 학생들이 있다. 그 아이들을 지도하노라면, 정말이지 인내심의 한계를 매번 느낀다. 삶에 대해 의욕이 없다는 자체가 마주하는 사람으로 하여금 한없이 김빠지게 만든다.

그러나 점점 하나님이 그분의 길로 나를 인도하신다. 아이들과의 씨름이 힘들긴 하지만, 대화의 끝은 기도로 마무리한다. 아이들의 한심하고 타성에 젖은 모습을 보면 금방 매를 들어 혼내주고픈 생각이 용솟음치지만, 그 순간을 넘기면 하나님께서 궁휼히 여기는 마음을 주시고 그 아이를 인격적으로 대하게 된다. 매를 들고 안 들고가 어찌 좋은 교사의 기준이 될 수 있으랴마는, 인간적으로 솟구쳐 오르는 분노를 삭이고 아이들을 한 번 더 생각하다 보면 확실히 매가 필요한 경우는 줄어든다.

학교 현장은 매일 매일이 영적인 투쟁의 공간이다. 계속해서 왜곡된 모습을 드러내는 아이들과, 어떻게든 분노를 사랑으로 바꿔야하는 교사들이 마주치는 공간인 것이다. 이러한 상황에서 인내와 사랑으로 교육하기 위해서는 교사에게 참으로 깊은 영성이 필요하다. 자기가 지치지 않기 위해서 가장 쉽게 선택할 수 있는 방법은 포기하거나 아니면 폭압적인 방법을 쓰는 것이다. 그러나 그런 욕구를 누르면서 학생의 영혼을 바라보게 하시는 것이 바로 하나님의 마음이며 기독교사의 길인 것 같다.

요즘 나는 생활의 의욕을 잃고 무기력한 아이들이나 자기 분노를 절제하지 못해 사고를 저지른 아이들에게, 차분한 대화와 함께 복음을 전하고 있다. 며칠 전에는 그 학생에게 적절하게 성경공부 교안을 만들어 방과후 함께 하기도 했다. 그러면 선생님이 자기를 진정으로 아끼고 있다는 것을 학생은 금방 알아챈다.

소망할 것이 없는 나에게서 이런 노력들이 나올 수 있었던 것은 여러 공동체의 도움이 크다. 교직에 처음 나와서 무엇을 해야 할지 몰라 갈팡질팡하고 있을 때, 거의 지푸라기를 붙잡는 마음으로 나갔던 지역교사모임은 내게 큰 힘이 되었다. 해결책을 얻는 것도 아니었지만, 선생님들과 함께 학교 이야기들을 나누다보면 집에 돌아갈 때쯤이면 어느새 지친 마음에 새로운 힘이 생긴 것을 느끼곤 했다. 수업을 어찌할 지 몰라 극도로 힘들었을 때, 교사모임 선생님이 구해주신 수업 자료가 얼마나 꿀맛 같은 해갈을 주었는지 지금도 잊을 수 없다.

또한 대학 시절에 공동체를 통해 배운 것들도 빼놓을 수 없다. 나는 다니고 있는 교회의 형제 공동체 생활관에서 4년 중에 3년을 지냈다. 지금 생각하면 고향을 떠나 멀리 대학을 진학한 내가 대학기간의 많은 부분을 신앙공동체에서 생활했다는 것이 얼마나 큰 하나님의 축복이었는가를 생각하게 된다.

교회 생활관은 처음에 형제들 9명 정도가 함께 살았고, 나중에는 좀 더 큰 고시원 건물로 옮겨서 15-20명 정도가 함께 생활하였다. 그곳에서 이루어지는 신앙훈련 중에 중심을 이루는 것은 저녁 기도회였는데, 매일 밤 11시가 되면 모두가 집에 들어와 기도제목을 내놓고, 찬양하고 기도하였다. 이렇게 꾸준히 기도생활을 한다는 게 쉽지는 않았다.

과외 아르바이트를 먼 곳으로 갔다 오는 사람도 있고, 동아리나 학과의 각종 행사도 많았다. 그러나, 무엇보다 큰 장애는 자기 자신에게서 나왔다. 기도회 하기 20분전이 되면, 주체할 수 없는 잠이 쏟아져서 간절히 단잠을 갈구하기도 하고, 갑자기 비디오 한 편이 그렇게 보고 싶어지기도 했다. 이러한 순간 순간을 다스려가면서 매일 기도훈련을 한 것이, 어쩌면 지금 내 신앙의 많은 부분을 차지하고 있지 않나 생각된다. 내 상태가 좋든 안 좋든 하나님께 무릎 꿇는 훈련이 거기서 형성된 것이다.

다음으로 공동체에 대하여 한 가지 더 말하고 싶은 것은, 하나님의 은혜로 내가 다양한 신앙공동체를 접해 보았다는 것이다. 사실 나는 대학 1,2학년 때 비교적 진보적인 기독동아리에 소속되어 있었다. 이른바 민중신학을 지향하는 곳이었는데, 물론 지금 내가 그러한 방향을 추구하고 있지는 않으나, 대학 시절 그러한 흐름을 경험한 것에 대해 감사하게 생각하고 있다. 상대적으로 다니고 있는 교회는 다소 보수적이었다. 고민 많던 대학시절에 양쪽을 조화시키느라 시간도 많이 소비했었지만, 그렇게 다양한 공동체를 접해보고 그 안에 있는 진실과 비진실들을 살펴봄으로써, 신앙에 대해 더 넓은 시각을 가지게 되었다.

서로 다른 공동체들을 접해보면서, 각 공동체에 하나님께서 특별히 맡기신 사명이 있다는 것을 발견했고, 그것은 기독인들이 연합해야 하는 당위성을 나에게 설명해 주었다. 그래서 학생 때 대학 기독인 연합에서 활동했고, 그것은 교직에 나온 후 기독교사연합의 활동으로 이어지고 있다. 지역교사모임을 통해 교제와 나눔을 이어오고 있으며, 전문분과 모임으로 미디어 분야에 참여하고 있는데 이것도 매우 유익한 도움을 준다. 무엇보다도 여러 선생님과 동역을 이루면서 함께 하나님 나라를 이루어간다는 것이 내게 커다란 버팀목이 되고 있다.

하나님은 교회를 신자들에게 주셨고, 신앙공동체는 하나님이 그분의 일을 하시는 가장 중요하고 중심되는 단위이다. 후배 여러분들도 대학 재학 시절에 자신의 공동체에서 깊이있는 훈련을 받기 바라고, 또 그러면서 다른 공동체와 교류하고 연합할 수 있길 바란다. 그리고, 교직에 나왔을 때 혼자 힘들어하고 있지 말고 교사모임 등을 통해 동역자를 찾기 바란다.

|간증|

어디서 경력을 쌓았습니까   노규호(서울 영신여고)

나는 고교 1학년 때 교사가 되기를 결심했다. '교육은 사람을 변화시킬 수 있는 직업'이라는 확신을 갖고 교육을 통해 하나님이 기뻐하시는 사람을 만들어 가는 일에 소망을 두고 교사의 길을 가기로 결심했다. 자연스럽게 사범대학을 진학했고 캠퍼스 현장에서 6년을 보내게 되었다.

그러나 캠퍼스는 내가 꿈꾸어 왔던 기독교사로 준비될 수 있는 기회를 만나기보다는 사회적 아픔과 민주화라는 열망, 그리고 팽배한 개인주의와 경쟁 속에서 나의 위치를 찾아 방황하기를 계속해야 했다.

이러한 갈등의 종지부를 찍고 다시 달리기 시작한 계기는 기독학생회라는 공동체를 만나면서 길을 찾기 시작했다.

공동체는 지금까지 경험하지 못했던 새로운 충격이었다. 주일학교 때부터 교회라는 공동체를 통해 성장해 왔지만 일주일에 하루 만나는 교회 공동체는 일정한 한계가 있었다. 그러나 대학에서 만나는 공동체는 일주일에 6일간의 삶을 함께 하는 공동체였다. 일상 생활의 대부분을 함께 생활하게 되었고 '생활이 곧 신앙'이라는 평범한 진리를 체험하며 깨달아 알게 하였다. 신앙의 공동체는 영적인 삶을 가르치며 배운 것을 함께 실천할 수 있는 기회를 제공해 주었다. 그리고 그러한 삶을 살아가는 지체들을 만날 수 있었고 우리보다 앞서 캠퍼스에서 생활했던 선배들과의 만남을 제공해 주었다. 선배들이 살아왔던 생활은 나에게 새로운 도전에 대한 소망을 가지게 하였다.

같은 동기들과의 생활은 계속되는 갈등과 부딪힘의 연속이었다. 많은 시간을 함께 있기에 자신의 여러 가지 모난 부분이 오픈 되고 싸매어 지는 과정이 반복되었다.

공동체에서 양육이라는 구조 속에서 선배와의 긴밀하게 만날 수 있는 기회를 가지게 되었다. 양육은 말씀을 통해 신앙적 성숙은 물론 생활의 전체적인 부분을 컨트롤하고 도움 을 받을 수 있었다. 그 속에서는 그리스도의 사랑이라는 매개체로 더욱 관계를 가깝게 했고, 깊은 사랑을 체험할 수 있었다.

공동체는 함께 예배함을 통해 자신의 은사를 계발하고 즐겨 드리는 훈련을 계속하게 하였다. 예배를 섬기기 위해 찬양팀에서 활동하게 되었고, 선교 중창단 활동을 하게 되었다. 찬양팀은 율동을 배우고, 찬양을 인도할 수 있는 과정까지 훈련되었고 전체 공동체의 필요를 돌아보고 섬기는 안목을 갖게 하였다. 2년간의 훈련을 받고 3학년 때에는 공동체를 섬기는 임원으로 1년을 섬기게 되었다. 공동체의 예배와 행사 그리고 후배와의 일대일 양육을 통해서 그들의 영적 필요를 돕고 돌아보는 훈련은 계속되었다. 이렇게 대학 3년의 과정은 배우고 훈련받은 것을 실제로 적용하고 다른 사람을 섬길 수 있는 자리에 까지 가게 하였다.

방학 때마다 계속되었던 수련회는 영적인 필요를 공급받고 하나님께 응답하는 감격의 시간이었나. 선노훈련은 예수를 전하며 다양한 가치관을 가진 사람과 환경을 만날 수 있었다. 여러 번의 행사를 계획하고 주관하면서 전체를 이끄는 훈련을 하게되었다. 그러나 전체 속에서 항상 소수에게 관심을 가지는 것은 병행되어야 했다. 전체 회원들을 한 마음으로 움직이기 위해서는 목표를 설정하고 계획된 내용 속에서 공동체를 설득하고 한마음으로 모아내기 위한 노력이 계속되어야 했고, 공동체가 함께함을 통해 이루어내는 놀라운 하모니를 경험하고 함께 기뻐할 수 있었다.

공동체는 나에게 많은 아픔을 가져다 주었다. 나의 모난 부분을 계속적으로 다듬어 가는 아픔의 과정을 감내해야 했다. 훈련의 과정 속에서는 학업과 교회와 가정과 공동체 속에서 많은 일로 바닥을 드러내기를 자주 경험해야 했다. 그곳에서 하나님을 의뢰하는 법을 배워야 했다. 특히 복학한 후 4학년 때는 현실과 더 밀접하게 고민하며 아파해야 했다. 내가 배우고 받은 사랑을 나누어 주어야 했고, 구체적인 헌신과 나눔을 배워야 했다. 후배들의 작지만 심각한(?) 고민을 함께 하며 사랑으로 감싸야 했고 후배들의 투덜거림과 불평을 말없이 들어주고 인정해 주어야 했고 구체적인 물질적 필요를 함께 나누어야 했다. 이 모든 일에 시간과 물질의 헌신은 계속되어야 했다. 특히, 임용고사를 앞둔 시간들은 피말리는 전투였다. 지난 후에 감사한 것은 한 번도 도움의 손길을 외면하지 않았다는 것이다. 그것은 내가 어렵고 힘들 때 나의 필요를 거부했던 선배를 한 번도 만나지 못했던 나의 복이라고 생각한다.

나는 졸업과 동시에 교단에 서게 되었다. 사립학교에 첫 관문이었던 시범수업에서 명강의라는 칭찬과 함께, '어디서 경력을 쌓았느냐?' 는 질문을 받아야 했다. 항상 공동체에서 말씀을 나누고 공동체를 리드하면서 이미 준비되고 있었다. 음악을 통해 학생들과 가까워지는 코드를 찾을 수 있었다. 찬양선교단을 통해서 학원선교에도 함께 할 수 있었다. 이미 캠퍼스에서 반복되어 왔던 훈련이었다. 상담을 통해 아이들의 아픔과 함께 하는 시간을 가졌다. 이미 공동체에서 너무나 다양한 상담의 과정을 겪으면서 훈련되어 있는 자신을 발견하게 되었다.

　무엇보다 학급은 공동체의 표본이었다. 학급운영은 공동체를 섬기며 운영하면서 배웠던 노하우가 그대로 펼쳐지는 곳이었다. 전체를 목표를 가지고 인도하지만 항상 소외되고 고통받는 소수가 존재했다. 고통 받는 소수를 섬기는 것으로 공동체를 더욱 든든히 세워갈 수 있었다. 이미 캠퍼스에서 훈련되어 있었다.

　동료교사와의 관계는 쉬운 일이 아니있다. 교직사회의 득수성 속에서 공동체의 정신을 발휘하는 지혜를 주셨다. 누군가 섬기며 헌신하는 사람이 학교현장에 필요했다. 작지만 수고와 노력은 동료교사와의 관계를 세워주었고 선한 영향력을 행사할 수 있었다. 분주함 속에서 말씀에 대한 갈급함을 채우는 훈련은 아무리 반복하고 단련해도 부족함이 없다는 것을 현장에서 느끼고 있다.

　기독교사로 세워지기 위해 준비 과정에 있는 캠퍼스의 예비교사 선생님. 공동체에서 훈련이 현재 학교현장에 나를 만들었다고 자부합니다. 공동체를 통한 훈련을 즐겨 받으세요. 하나님과의 관계의 끈을 지속하는 훈련을 하세요. 이러한 모든 것이 선생님을 좋은교사로 준비시키는 하나님의 섭리입니다.

16 . 신앙공동체에 소속되어 지속적으로 양육 받아라.

신앙 생활을 할 때 건전한 공동체에 소속되어 있다는 것은 중요하다. 대학 시절은 인생에 있어서 고민과 방황의 시기인데, 이것은 신앙에 있어서도 마찬가지이다. 갑자기 쏟아져 들어오는 영적, 사회적, 문화적 정보들과 서로 다른 세계관들은 대학 시절을 힘들게도 하지만, 공동체 안에서 교제하면서 그 시기를 감당할 때, 비로소 넓은 관점에서 세상을 바라볼 수 있게 된다.

하나님의 인도하심을 받으며 자신이 속할 신앙공동체를 결정하라. 생활공간이 바뀌지 않은 사람은 자기공동체에 있을 수 있지만, 다른 지방으로 진학을 했다거나 새로 신앙을 갖게 된 경우 교회를 선택하는 일이 고민이 될 수도 있다. 주위 사람들의 조언을 구하고 기도하면서 자신에게 적합한 공동체를 찾도록 한다.

다양한 신앙공동체 사람들과 교제하라. 자신과 다른 교단의 사람이나 다른 선교단체(기독동아리)사람들을 만나보고 서로의 다른 점을 경험해 보라. 그가 이단이 아니라면, 영적인 시야를 넓히고 신앙인들의 연합의식을 다지는데 도움이 된다.

어려운 상황에서도 자신의 중심적인 신앙공동체에서 떠나지 말라. 대학 시절에는 지금까지와는 다른 사회의 일면도 보게 되고, 개인적으로도 커다란 영향을 미치는 많은 일들을 겪게 된다. 그러는 가운데 때로는 신앙에 깊은 회의가 들기도 하고, 공동체를 멀리하게 되는 사정이 생길 수 있다. 이때, 자신의 신앙

공동체에서 떨어져 나가지 않도록 주의해야 한다. 일정한 기한이 지나고 났을 때, 더 넓은 시야가 생기고 신앙의 면역력이 커진다. 공동체에 대한 평가는 그 때 내리는 것도 늦지 않다.

공동체 생활을 경험해 보라. 초대교회 성도들은 공동생활에 가깝게 살았다. 몇몇 교회나 선교단체들은 다양한 생활공동체를 짓고 있다. 형태는 여러 가지 인데, 교회나 선교단체 차원에서 공동생활의 장을 마련하기도 하고, 지체들이 자발적으로 함께 생활하면서 공동체를 이루기도 한다. 기회가 된다면 이러한 공동생활을 해보는 것이 좋다. 삶 전체를 있는 그대로 드러내는 공동체 생활은 부담도 되고 힘든 면도 있지만, 그런 만큼 전인격적인 신앙의 교제가 이루어진다. 이렇게 형성된 영성은 오래도록 자기 신앙의 근간이 될 것이다.

관련도서 「그리스도의 공동체」 하워드스나이더, 생명의 말씀사 / 「더불어 사는 삶을 위하여」 송인규, IVP / 「성경은 공동체에 대해 무엇을 말하는가?」 송인규, IVP / 「희망의 공동체」 장 바니에, 두란노 / 「공동체 제자도」 하인리히 아놀드, 쉴터 / 「신도의 공동생활」 본회퍼, 대한기독교서회 / 「세계의 기독교공동체」 김현진, 예영

17. 신앙 공동체 내에서 섬기는 훈련을 받아라.

최근에 교회에 대한 우려와 비판의 시각이 많다는 것은 누구나 아는 사실이다. 교회가 사회에서 소금의 역할을 제대로 하지 못하고 있다는 지적이 많으며, 또한 일부 대형 교회만이 신자가 넘쳐나는 소위 '수평이동' 현상도 큰 문제로 지적되고 있다. 이러한 문제들이 생겨나는 근본 원인은, 공동체를 섬김의 장으로 보기보다는 무언가 얻으려는 의도가 앞서기 때문이 아닐까?

공동체에서 무언가를 얻으려는 생각보다 서로 교제하며 세워간다는 입장을 가지라. 여건이나 교육프로그램이 잘 갖추어진 교회에서 신앙생활하는 것은 편리하고 배울 점이 많은 게 사실이다. 그럼에도 불구하고, 마냥 공급받는 자의 입장에만 있으려 해서는 안된다. 또한 작은 공동체에서만 배울 수 있는 점도 있다. 기본적으로 신앙공동체를 함께 세워 가는 것으로 생각할 수 있어야 한다. 그랬을 때, 자기 공동체의 부족한 점이 불평이 되기 보다 함께 보완해 갈 점으로 보이게 된다.

공동체에서 섬기고 봉사하라. 공동체를 나의 것으로 여기고 그 안에서 자신이 할 수 있는 일을 찾아 보라. 아주 작은 일이라도 좋다. 직접 자신의 시간과 에너지를 쏟아 부은 공동체일수록 더욱 애정이 가고, 교회를 향한 하나님의 마음이 느껴질 것이다. 지나치게 소진되지는 않으면서 적절하게 봉사할 수 있어야 할 것이다.

자신의 은사를 발견하라. 하나님은 우리에게 공동체를 주셨고 각자에게 달란

트를 주셨다. 한 사람이 모든 것을 할 수 없고, 또 할 수 있다해도 그것은 바람 직하지 않다. 겸손한 마음으로 자신이 공동체를 위해 잘 도울 수 있는 것이 무 엇인지 살펴 보라. 여러 사람이 자신의 분량을 감당하며 서로가 협력하여 선 을 이루는 것을 볼 때, 공동체의 의미를 알게 되며 하나님의 공동체를 통한 계 획도 알게 될 것이다.

교사가 되는 길은 어떤 것이 있나요?

교사는 공립학교 교사, 사립학교 교사가 있습니다. 초등학교에서 상급학교로 올라갈수록 사립학교의 비율이 많습니다. 초등학교 교사는 대부분 공립학교 교사로 반드시 전국 11개 교육대학을 졸업하고 매년 11월말, 12월초에 치루는 시도교육청에 주최하고 한국교육과정평가원에서 주관하는 초등학교 교사 임용고사에 합격해야 합니다.

최근 들어 초등학교 교사의 문호는 넓은 편입니다. 초등학교 사립교사는 보통 면접, 수업실기로 학교에서 채용하게 됩니다. 만약, 교육대학교를 졸업하지 않았는데 초등학교 교사가 되려한다면 사범대나 일반대의 경우 교직과정 이수한 졸업생은 교대편입 기회를 얻을 수 있습니다. 1월초에 학교마다 좀 다르긴 하지만 보통 논술, 영어, 대학내신 등을 전형으로 정원의 10%정도를 뽑습니다.

중고등학교 교사가 되는 길도 공립학교 교사와 사립학교 교사로 나눌 수 있습니다. 두 경우 대부분 중등 2급 정교사 자격증을 소지하여야 합니다. 중등 2급 정교사 자격증은 사범대학교를 졸업하고나 교직과정을 이수하고 졸업하면 나오게 됩니다. 공립학교 교사의 경우 초등의 경우와 마찬가지로 임용고사에 합격할 때 교단에 서게 됩니다. 과목별로 뽑는 인원이 다르고 경쟁률도 역시 다릅니다. 보통 5:1~10:1 선으로 문턱이 높은 편입니다. 초등학교 임용고사을 먼저 치루고 1주~2주 후에 보통 일요일날 치룹니다.

사립학교 교사의 경우는 직접 학교가 채용공고를 내는 것을 보고 이력서를 내고, 서류전형이 합격되면 면접이나 수업실기로 합격이 되면 채용되게 됩니다. 서울 사립학교는 서울사립학교학교장연합회에 원서를 내면 그것을 자료집으로 묶어서 서울 사립 중고등학교에 가게 됩니다. 그 명단을 보고 학교 측에서 연락하는 경우가 있습니다. 또한 미션스쿨 중에 기독교학교 연맹에 소속되어 있는 학교가 많이 있는데 이 경우도 원서를 받습니다. 두 경우 모두 11월초에 원서를 받으니까 내보는 것이 좋습니다.

최근에는 대안학교라는 이름으로 기독교학교가 많이 생겨나는데 그런 곳에 뜻을 가지고 도전해볼 수도 있습니다. 무엇보다 뜻이 있는 곳에 길이 있습니다. 교사로서의 분명한 비전을 가지고 열심히 준비한다면 아마 하나님이 길을 열어주실 것입니다.

18. 교회와 선교단체(기독동아리), 학과 내에서의 활동을 잘 조화시키라.

기독대학생들이 속하여 활동할 수 있는 공동체는 교회와 선교단체, 과기독인모임이 있다. 이 세 공동체에 다 속할 수는 있지만 자신이 집중하여 섬길 중심 신앙공동체를 정하는 것이 필요하다.

교회공동체는 필수적이다. 선교단체나 과기독인모임(기독인연합)을 중심 신앙공동체로 정한 사람의 경우도 교회와 끈을 놓아서는 안된다. 주중에 선교단체나 과기독인모임에 훈련받거나 헌신할지라도 주일은 교회에서 예배하고 교제하는 것이 바람직하다. 교회는 대학을 졸업하거나, 취업을 하는 등 개인 생활에 변화가 생기더라도 지속적으로 신앙생활의 기본이 되어 줄 수 있다. 간혹 주일까지 선교단체에서 보내는 지체들이 있으나 이것은 건전하지 못하다.

선교단체에서 훈련받길 권한다. 선교단체는 자체의 축적된 노하우와 체계적인 양육 구조를 가지고 있다. 그리고, 신앙의 본이 될 만한 선배와 사역자들을 만날 수 있어서 여러모로 신앙 성장에 큰 도움이 된다.

훈련된 영성을 학과 내에서 발휘하도록 노력하라. 교회에서 선교단체에서 훈련받은 영적인 에너지를 자기 삶의 현장인 학과에서 적용시켜야 한다. 영적인 훈련과 그것의 현장 적용을 잘한 사람은, 사회에 나가서도 어느 곳에 가든지 적응력을 갖는다. 과 학우들을 섬기고 그들에게 그리스도의 빛된 삶을 살도록 힘써라.

학과 기독인모임에 헌신하기로 한 지체들은 이 모임이 기독인만의 피난처가 되지 않도록 주의하라. 대학에서의 학과는 졸업 이후의 사회 현장과 흡사하다. 학과 내에 기독인들만의 학과 기독인모임은 학과의 활동과 분리되어서는 안되며, 학과의 사람들 가까이에서 함께 숨쉬며 복음화해야 한다. 학우들을 섬기고 그들을 위해 기도하는 것이 필요하다. 이러한 활동을 통해 이후 학교를 품고 섬기는 기독교사로의 자질을 기를 수 있을 것이다.

지체의 원리에 따라 역할 분담이 필요하다. 모든 공동체에 집중하여 섬기는 것은 불가능하다. 그러므로 자신의 부르심에 따라 헌신하되, 자기와 다른 영역에서 섬기는 지체들을 존중하는 태도를 갖는 것이 중요하다.

학생선교단체 홈페이지 한국대학생선교회(CCC) http://www.kccc.org / 한국기독학생회(IVF) http://www.ivf.or.kr / 순복음대학생선교회(CAM) http://www.cam.or.kr / 제자들 선교회(DFC) http://www.dfc.or.kr / 기독 대학인회(ESF) http://www.esf21.com / 죠이 선교회(JOY) http://www.joymission.org / 학생신앙운동(SFC) http://sfc.or.kr / 대학생 성경읽기 선교회(UBF) http://www.ubf.or.kr / 예수전도단(YWAM) http://www.ywamkorea.org / 예수제자운동(JDM) http://www.jdm.or.kr / 한국기독학생회총연맹(KSCF) http://kscf.peacenet.or.kr / 한기연(한국기독청년학생연합회) http://www.peacenet.or.kr/kwgm

19. 교육 소모임을 만들어 운영해 보라.

교육을 비전으로 품고 있는 기독인이 자신의 마음을 터놓을 수 있는 공간이 흔한 것은 아니다. 교육의 꿈을 안고 있는 사람이라면, 교육소모임의 필요를 간절히 느낄 것이다. 아무런 준비 없이 교사로 나간다는 것이, 더군다나 아무런 영적인 준비 없이 나간다는 것이 말이 되지 않기 때문이다. 소속된 기독교 동아리나 교회에서 이러한 욕구를 충족시킬 수 있다면 다행이다. 그러나 그렇지 않은 모임에서 교육에 대한 고민을 이야기하는 것은 생각보다 쉽지 않다. 이러한 여건에서 기독교사의 꿈을 다져가려면 어떻게 해야 할까?

자신이 속한 기독교 선교단체나 교회에서 교육모임을 모색해 보라. 졸업생들의 교사모임이 있는 곳이라면 이 분들과 연결해서 학부생모임을 만들어 볼 수 있다. 그렇지 않은 경우라면 단체 내에 뜻이 맞는 지체들과 함께 교육소모임을 만들어 보라. 간사님과 상의해서 몇 개의 소그룹을 예비교사들로 구성시킬 수도 있다. 또한 교회의 어른들 중에도 뜻이 있는 교사들이 있을 수도 있고, 교회 내의 교대나 사대생 중에 동역자를 만날 수도 있다. 교회사역자와 상의해서 대학부나 청년부에 공식적인 모임으로 설치하는 것도 좋은 시도가 될 수 있다.

학교 내에서 교육을 품고 있는 동역자들을 찾아 보라. 사대의 경우 교직을 희망하지 않는 경우도 상당수이다. 거기다가 기독인 중에 교육소모임의 소망을 갖고 있는 사람을 만나려면 여러 방법으로 수소문을 해야 할 것이다. 또한 교대의 기독인이라고 해도 교육소모임의 필요를 절실히 느끼지 못할 수도 있다. 기독교 동아리나 교회에 아직까지 교육관련 모임이 많지 않기 때문에, 의외로

목말라하고 있는 동역자들을 하나님께서 쉽게 붙여주실 수도 있다.

동역자들과 함께 중보기도 모임을 시작하고, 독서토론회를 열어보라. 사실 기존의 사례가 드물기 때문에 모임을 어떻게 이끌어야 할지 막막할 수 있다. 이때는 우선 함께 이땅의 교육계와 자신의 소명을 놓고 기도부터 시작한다. 그리고 서점에서 기독교교육과 관련된 책을 구해서 함께 읽고 토론한다. 물론 여기에는 경험이 있는 사람이나 현직 교사의 조언을 받으면 좋다.

모임에 현직 선생님들을 초청한다. 학교 선배라든지, 교회나 동아리를 통해 연결되는 현직 선생님을 모셔서 현장에 대한 이야기도 듣고, 무슨 준비를 해야 할 것인지 조언도 듣는 시간을 마련한다. 이 정도의 모임만으로도 비전과 소명이 솟아나는 감동적인 모임이 될 것이다.

학교 축제 기간을 이용하여 강연회를 열어보라. 그리 크지 않아도 좋다. 작은 강의실 하나를 빌리고, 조촐하게 직접 만든 포스터를 학내 곳곳에 붙인다. 강사는 섭외가 가능한 기독교사나 관련전문가면 좋다. 그리고 학교에 기독인 연합이 있다면 대동제 홍보 때 함께 할 수 있을 것이다. 강연회를 통해 다른 동역자를 얻을 수도 있다. 강연회를 통해 한 명씩 두 명씩 붙여지는 동역자들과 교육에 대한 기도를 하다보면, 어느새 하나의 교육공동체가 형성되어 갈 것이다.

20. 교육 공동체와 연계해서 배우고 활동할 기회를 찾아라.

보고 직접 듣는 만큼 좋은 교육이 없다. 주위에 둘러보면 도움을 줄만한 분들도 계시고, 아니면 적극적으로 찾아가서 배우는 것도 필요하다. 교육공동체에 가서 직접 교사로 계신분들을 만나서 얘기도 듣고 관찰도 함으로 배우고 활동해보자.

우선 지역기독교사모임과 연계하여 배우라. 기독교사연합에는 100개의 지역 모임이 있다. 대학선배도 좋고 근처의 지역기독교사모임에 선생님도 좋다. 선생님을 도와 기독학생반을 지도한다던가, 지역교사모임에 한번쯤 가보는 것도 좋은 방법이다. 여러 선생님을 만날 때 나름대로 기독교사로서의 뚜렷한 청사진을 갖게될 것이다.

주말이나 방학을 이용하여 대학선배 교사들 을 탐방하거나 그 학교에서 자체 교육실습을 해보라. 초중고 방학이 대학의 방학보다 한달 후인 것을 이용하여 학교 탐방이나 일정기간 교육실습을 해보면 좋을 것이다.

수련회에 참석하라. 기독교사연합에는 16개 회원 단체가 있다. 여름, 겨울에 각 단체 수련회나 지역별로 수련회를 한다. 무엇보다도 2년마다 한 번씩 전국 기독교사대회를 연다. 이때야말로 좋은 기독교사들을 많이 만날 수 있는 기회이다.

대안학교 교육공동체를 방문해 보라. 최근 들어 기독교교육을 비전으로 대안학교 교육공동체들이 많이 생겨나고 있다. 관심있는 지체들이 함께 가서 보면 많은 것을 깨닫는 시간이 될 것이다.

교사로 섬겨보라. 교육에 관심있는 교회나 선교단체에서 방학을 이용하여 독서, 신앙 캠프를 여는 경우가 있다. 교사로 섬기면서 많은 것을 경험하게 될 것이다.

해외에 선교사자녀학교를 방문하거나 국내 그들을 위한 프로그램에 참석해 보라. 선교사 자녀교육이 시급한 상황에 있다. 단기선교를 통해 선교사들의 자녀교육문제를 눈으로 보고 그들을 향한 사역에 관심을 가져보자.

도움말 ───────

기독대안학교에로는 풀무농업기술고등학교, 세인고등학교, 두레자연고등학교, 글로벌고등학교 등이 있다. 선교사 자녀교육을 전문적으로 사역하는 단체는 MK NEST가 있다.

관련도서 「하나님이 기뻐하시는 학교」 박은조, 예영커뮤니케이션 / 「우리가 꿈꾸는 기독교 학교」 기독교학교 연구회 공저, 예영커뮤니케이션 / 「현대 기독교 교육」 노르만 E. 하퍼, 엠마오 / 「더불어 사는 평민을 기르는 풀무학교이야기」 홍순명, 내일을 여는 책

기독공동체, 기독교학교 갈릴리 마블 http://galilima.netian.com / 예수원 http://www.jabbey.org / 민들레 공동체 http://www.dandelion.or.kr / 두레 공동체 http://www.doorae.or.kr / 보은예수 마을 http://www.bonacom.or.kr / 다일 공동체 http://www.dail.org / 한국라브리 http://www.labri.or.kr / 간디학교 http://user.chollian.net/~gandhis / 세인고등학교 http://www.seine.hs.kr / 두레자연고등학교 http://www.doorae.hs.kr / 진솔대안학교 http://user.chollian.net/~jeansol / 풀무농업기술고등학교 http://poolmoo.or.kr / 수원중앙기독초 등학교 http://www.suwoncca.org

제5부

부록

1. 예비 교사 사역의 현황과 비전

우리나라 교대와 사범대는 교사를 양성하기 위한 특수 목적 대학이다. 교대와 사대는 처음부터 교사를 양성하기 위한 뚜렷한 교육과정과 분위기를 갖고 있기 때문에 특수하다. 대부분의 졸업생이 이 땅에 다음세대를 교육하는 교사로 서게 된다. 이들이 교육계의 하나님 나라 확장의 비전을 품고 대학생 때 준비하고 현장으로 나아간다면 이 땅에 무너진 교육에 희망이 커져 갈 것이다. 결국 교육은 교사에게 달려있기 때문이다. 그렇기 때문에 예비기독교사를 위한 사역은 매우 중요하다.

더구나 이 땅에 많은 예비기독교사들이 기독교사로서의 소명이 불확실하고, 기독교사로의 체계적인 교육이 열악한 상황에서 이 사역의 중요성은 더 크다고 할 수 있다. 예비교사들을 위한 사역의 움직임과 앞으로 기독교사연합의 비전을 간단히 제시하고자 한다.

예비기독교사 사역의 흐름

예비교사사역의 흐름은 몇 가지 유형별로 살펴볼 수 있다. 첫 번째는 기독교사단체가 캠퍼스에 선교단체(기독동아리) 형태로 사역하고 있는 유형이다. 교사선교회, 후세대선교회, 알리온선교회가 이에 해당된다. 교사선교회는 인천교대 기독학생회가 모태로 졸업생들이 제자선교회(DCF) 강보형 목사님으로부터 훈련을 받으면서 졸업생 모임이 교사선교회로 발전했다. 이후 대학의 기독학생회도 교사선교회로 명칭을 바꾸어 양육 중심의 체계를 잡았다. 현재 인천교대, 서울교대, 부산교대가 활성화되어 있고, 현재 전국 대부분의 교대에 기초를 형성하고 있다. 그리고 후세대선교회는 교회 대학부모임이 진주교대에서 동아리로 자리잡아 사역하고 있고, 졸업 이후에도 교육선교사역을 감당하고 있다. 알리온선교회도 어린이 복음화 사역을 위한 선교교사 양육을 목적으로 교대, 신학대 기독교교육과에 동아리를 두고 있다. 이 유형의 특징은 교사가 캠퍼스 간사로 섬기면서 체계적인 신앙훈련과 기독교사로서의 양육이 이루어지고 있다는 점이다. 그리고 졸업 이후에도 함께 동역하는 평생공동체적 성격을 지니고 있다.

두 번째의 유형은 대학 기독인 연합 모임이 교육을 지향하는 경우이다. 특히 전주교대가 이에 해당된다고 할 수 있다. 전주교대의 경우 서관석 교수를 중심으로 '좋은교사를 꿈꾸는 사람들'이라는 명칭의 기독인 연합이 구성되어 교육대학 고유의 특성을 살리고자 하는 의식을 가지고 다른 선교 단체와 전체 기독 학생들을 섬기고 있다.

세 번째 유형은 대학의 인근 교회가 교육에 대한 비전을 품고 교사로서의 훈련을 시키는 경우이다. 박상철 목사가 시무하는 춘천제일성결교회가 대표적인 경우다. 춘천교대 학생들을 훈련시키고 방학 때 수련회를 실시하고 있다. 다른 지역에도 이런 교회가 있는 지는 파악이 되지 않고 있다.

네 번째는 대학 내의 학생선교단체에서 있는 움직임을 들 수 있다. 우리나라 대학에는 많은 선교단체가 있다. 다양한 이름이지만 공통적으로 학원선교를 통한 민족복음화와 세계선교라는 목표를 지향하고 있다. 각 단체별로 고유의 체계적인 양육체계로 많은 헌신된 주님의 제자를 키우고 있다. 하지만 약간의 아쉬움은 선교단체에서 대학생 선교에 집중한 나머지 기독전문인으로서의 훈련이 미진한 경향이 있었다. 그래서 졸업 이후에 상당수의 사람들이 사회에 나가서 잘 적응하지 못하고 캠퍼스에 품었던 비전을 잃어버리고 사는 경우가 있었다. 그러나 최근 몇몇 선교단체의 변화는 고무적이다. IVF의 경우 전체적으로 전공 영역을 따른 실천을 강조하고 있어 1980년 초반에 IVF 학사중심으로 TCF라는 교사단체를 만들어졌다. 이런 영역에 효시와 같은 단체라 할 수 있다. 하지만 TCF의 경우 IVF출신이 아닌 교사도 초창기부터 받아들이고 시작하여서 대학 IVF와의 연관성이 조금 떨어졌다. 최근 TCF 교사들이 IVF 중심으로 예비교사들을 돕는 사역을 확장하려하고있다. CCC(한국대학생선교회)의 경우 교사모임이 정식적으로 본부에서 인정되어 후배들을 위한 사역의 활로를 갖게 되었다. 자발적으로 어린이제자모임이라는 이름으로 CCC 나사렛 초등교사들 몇몇이 시작한 모임은 100여 명의 교사공동체로 성장하고 있다. 최근 2번의 겨울교사수련회를 통해 중등교사들과 사범대생들이 연결되어 성장이 기대된다. CCC 졸업생 교사들은 캠퍼스 간사들이 채워주지 못하는 기독교사로서의 전문성에 대해 나름대로 양육 커리큘럼을 고민하고 있다.

YWAM(예수전도단)의 경우에도 최근 비전그룹으로 공동체의 체질을 바꾸고 있다. 예수전도단은 올해부터 훈련받는 3,4학년들은 캠퍼스별이 아닌 비전그룹으로 묶어 훈련받는 체제로 바꾸고 있다. 1,2학년때 탐색기를 거쳐 해외선교 15개 그룹, 사회 각 영역 10개 그룹에서 자기의 비전을 발견하고 준비하게 하고 있다. 이번 MISSION CONFERENCE부터 비전그룹별 훈련 프로그램을 계획하고 있고, 교육계 그룹은 기독교사연합으로 협조를 부탁했다. ESF의 경우 기독학사운동을 강조하면서 오래 전에 성서교육회라는 단체로 발전하였다. 연계성이 약해졌다 최근 다시 강화시키려고 노력하고 있다.

JDM의 경우 최근 2번의 교사수련회를 개최하고 예비교사들을 위한 특화된 사역을 하고 있다.

그렇지만 아직 대부분의 선교단체가 이런 영역에 무관심하거나, 관심은 있어도 방향이 서지 못한 상황인 듯하다. SFC의 경우도 사회의 다양한 분야에 훈련된 기독인을 파송하여 그 영역 속에 하나님의 주권을 선포하는 것을 목표로 삼고 있기 때문에 예비교사들에게는 특화된 프로그램을 운영하고자 하는 의욕은 있다. 하지만 수련회에서는 직능별 모임을 하는데 이 때 출신 교사들을 초청하여 특강을 듣고 있는 수준 정도인 것으로 파악되고 있다.

여섯 번째 유형은 교육연구모임이다. 교원대 배움과 나눔, 서울대 사대 EDI가 대표적이다. 교원대 배움과 나눔은 1998년 가을 2명의 지체가 교육계 중보기도 모임으로 시작하여 온전한 기독교사로 서기 위해 열심히 배우고, 그것을 다른 캠퍼스 학우들에게 나누자는 의미로 '배움과 나눔'이라고 명칭을 지었다. 이 모임은 주중에 한번 모여 기독교 세계관, 기독교교육에 관한 내용을 발제, 토론을 하고 있다. 그리고 방학을 이용하여 대안학교 방문, 교사단체 수련회 참석, 협동학습세미나 자원봉사 등을 해오고 있다. 다음 서울대 사대 EDI(education+disciple)는 1999년 1학기에 교육을 주제로 한 모임이 필요함을 느끼고 몇몇 동역자들이 모였다. 이들 또한 교원대와 비슷하게 기독교교육 스터디나 현직교사특강, 기독교사대회 참석, 대동제 초청강연회 등을 해오고 있다.

기독교사연합의 예비교사 사역 현황 및 비전

개별 교사 단체나 선교 단체 차원에서의 예비교사 사역이 교대·사대생 개

개인을 영적으로 세우며 기독교사로 준비시켜 가는 사역을 하고 있다면, 기독교사연합은 이러한 개별 단체들의 사역을 묶어서 전체적인 예비교사 사역의 전략을 수립하며 개별 교사 단체들을 돕는 사역을 하고 있다. 우선 기독교사연합이 현재 하고 있는 사역은 다음과 같다.

첫째, 개별 단체들간의 정보 교류와 협력 · 조정하는 역할을 하며, 이 사역을 새롭게 시작하려는 단체들을 돕는 역할을 하고 있다. 현재 예비교사 사역을 하고 있거나 관심 있는 단체들의 사역자 들이 모인 '예비교사위원회' 가 구성되어 이 역할을 감당하고 있다.

둘째 문서 사역이다. 현재 예비 교사들의 대학 생활 길잡이가 될 수 있는 예비교사 길라잡이를 "준비된 교사가 아름답다"라는 제목으로 발행했고, 예비교사들의 소그룹 교재를 준비 중에 있다.

셋째 예비교사모임을 지원하는 사역이다. 예비교사들이 현직교사들을 많이 만나는 것이 중요하다는 인식 하에 교대나 사대생들이 소속 지역의 교사모임과 다양하게 만날 수 있도록 주선하고 있으며, 예비교사 사역팀의 요청이 있을 시 교사 강사들을 파견하고 있다.

앞으로의 계획

첫째, 교대 · 사대에서 사역하는 선교 단체 간사 초청하여 "교대 · 사대 사역 간담회"를 개최하고자 한다. 현재 교대와 사대에는 선교 단체의 일반적인 제자 훈련 프로그램 외에 기독교사를 양성하기 위한 특별한 프로그램에 대한 수요가 안팎으로 많이 있다. 그리고 이러한 것이 없음으로 인해 교대 · 사대 사역이 많은 어려움에 부딪히고 있는 실정이다. 학생들은 물론이고 사역 간사들도 이러한 것에 필요성을 절감하고 있지만 대안을 찾지 못하고 있는 실정이다. 이러한 현실을 타개하기 위해 교대와 사대에서 사역하는 선교단체 간사들을 초청하여 현직 교사 단체들이 갖고 있는 노하우들과 만나고 협력함을 통해 보다 총체적인 교대 · 사대 사역의 활로를 모색할 계획이다.

둘째 "기독 신임 교사 연수"를 개최하고자 한다. 임용고사를 마치고 학교 현상으로 나가기 위해 기다리고 있는 졸업생들을 대상으로 학교 현장에 있는 선배 기독교사들이 신임교사 연수 프로그램을 가지고 지역별로 찾아가 기독교사로서의 구체적인 훈련 프로그램을 개설할 계획이다.

셋째 예비기독교사대회를 개최하고자 한다. 예비교사에 대한 비전을 전국적으로 확산하고, 예비교사사역 단체들의 힘을 하나로 결집하며, 예비교사사역의 역사를 한 단계 끌어올리기 위해 기독교사연합에 속한 현직교사들의 도움을 받아 때가 되면 예비교사대회를 개최할 계획이다.

2. 교육계를 위한 중보 기도

우리는 교사로 부르신 하나님 앞에 신실하고 충성스런 교사로 살아갈 수 있도록 최선을 다해야한다. 그러나 우리의 최선으로 다 해결할 수 없는 이 땅의 아픔, 죄악된 구조와 제도, 환경, 그리고 의식의 문제를 볼 때 우리는 주 앞에 무릎을 꿇을 수 밖에 없다. 그것은 우리가 이 땅 어두운 교육계와 민족을 변화시키기 위해 우리가 할 수 있는 가장 최선의, 가장 아름다운 수고이다. 우리가 기도할 때 하나님이 일하심을 잊지 말고, 새벽으로 밤으로 하나님의 보좌 깊숙이 무너진 교육과 민족, 교회의 문제를 가지고 나아가자.

학생들을 위해

학생들이 입시 경쟁의 교육 제도와 어른들의 요구를 맹목적으로 좇지 않게 하시고, 자기 인생의 의미와 은사를 발견하며, 밝은 미래를 준비하기 위해 최선을 다하며, 이웃과 사회를 위해 섬기고자 하는 마음을 갖게 하소서. 그들의 공부가 남에게 보이기 위한 것이 아니라 자기 인생을 개척해 가는 과정이 되게 하소서.

권위에 도전하고 약한 친구들을 괴롭히고 악을 행하고자 하는 아이들의 마음을 고쳐주시고, 친구들의 괴롭힘이나 따돌림으로 인해 상처입은 아이들의 마음을 치유해 주시며, 자기 문제를 스스로 해결해 갈 수 있는 강한 의지를 허락하소서.

점점 수동적이고 개인주의화 되어 가는 아이들의 문화에 자발성과 개척 마인드, 공동체적인 바람이 새롭게 일어나게 하소서.

현란한 대중 문화와 사이버 세계가 주는 쾌락, 익명성과 음란·폭력성, 탐닉의 유혹을 이길 수 있는 영적인 건강성을 허락하소서. 대중 문화를 난시 소비하는 수준을 넘어, 이를 비판하고 새로운 것을 창조할 수 있는 능력을 허락하소서.

현실을 넘어 비전과 환상을 볼 수 있게 하소서. 자신의 문제를 넘어 이 땅의 가난과 불의, 착취와 차별, 전쟁과 기근, 선교와 영적 전쟁의 문제를 볼 수 있게 하시며, 여기에 자신을 드려 준비할 수 있게 하소서.

교사들을 위해

전통적인 권위가 무너지고 아이들이 교사의 말을 잘 듣지 않는 힘든 교육의 변화 가운데서 교육에 대한 선한 소망을 놓지 않게 하소서. 교직에 대한 소명과 아이들에 대한 사랑을 날로 새롭게 갖게 하시고 이를 통해 아이들의 사랑과 존경을 받게 하소서.

기독교사들이 아이들에게 복음을 전하고 그들을 양육하는 일이 아이들을 가장 사랑하는 교육활동임을 깨닫게 하소서. 이들이 학교에서 다양한 방법으로 아이들에게 복음을 전할 때 지혜로운 방법으로 하게 하시고, 변화의 능력이 나타나게 하소서.

기독교사가 자기에게 주어진 일을 성실하게 감당할 뿐 아니라 학교의 의사 결정 과정에 관심을 가지고 참여하며, 동료교사들의 화합을 위해 노력하는 등 학교의 중심에 서게 하소서.

변화하는 시대와 국민들의 요구에 발맞추어 끊임없이 자기를 새롭게 하며 자기개발에 힘쓰는 교사가 되게 하소서. 영성과 전문성, 시대를 보는 안목에 있어서 자기를 훈련하며 아이들에게 더 나은 가르침을 주기 위해 노력할 수 있게 하소서.

교원 단체들이 교사들의 이익과 권익을 보호하는 일을 잘 감당할 뿐 아니라 교사들에게 불편함을 주더라도 아이들과 국민들을 위한 것이면 과감히 주장할 수 있게 하소서. 교사들의 전체적인 도덕성과 자질 향상을 통해 국민들의 신뢰를 끌어올리는 활동을 하게 하소서.

학교와 교육 제도를 위해

학교가 모든 관료적이고 형식적인 틀을 벗어버리게 하시고 교육의 본질에 바로 서게 하소서. 학교의 모든 교육 과정이 무엇이 가장 교육적이고, 가장 아이들을 위한 것인가 하는 기준에서 결정되고 집행되게 하소서.

교사 · 학생 · 학부모 · 행정기관 사이의 무너진 신뢰가 회복되게 하소서. 교사들이 아이들을 위해 더 헌신하고, 학부모가 교사와 학교의 권위를 존중하며, 행정기관이 교육주체들의 의견을 잘 수렴하고 섬기는 행정을 베풀 수 있는 마음들이 생기게 하소서.

교육부에서 학교장에 이르기까지 교육 정책을 입안하고 시행하는 모든 교육관료들에게 아이들과 교사 · 학교 현장을 섬기려는 마음을 더하소서. 사무실에서가 아닌 학교 현장에서 검증된 정책, 교사들의 마음을 감동시켜 스스로 움직이게 하는 정책을 만들게 하소서.

교육부가 교육과 관련된 다양한 입장들을 잘 조율하게 하시되, 일부 가진자와 기득권층의 여론에 밀리지 않고, 가난하고 힘없는 다수 국민들의 교육 복지를 우선시 할 수 있는 소신을 허락하소서. 교육을 통한 기득권의 유지가 아닌 평등과 정의가 실현될 수 있게 하소서.

교사를 길러내는 교대와 사대의 교육과정이 현장성 있게 개선되게 하시고, 공식 교육과정 외에 학생들의 자발적인 모임을 통해 교사로서의 소명과 의식을 갖추어가게 하시되, 특별히 학생선교단체들이 이 일에 앞장서게 하소서.

학부모와 사회 환경을 위해

이 땅의 무너진 가정을 회복시키시고, 사회 시스템과 의식이 가정을 소중히 여기며 부모가 가정에서 아이들과 많은 시간을 갖도록 변하게 하소서. 부모들이 자녀 교육에 대한 책임감을 갖되 성적이나 공부 위주가 아닌 올바른 인성과 가치관을 심어주는데 노력할 수 있게 하소서.

교육을 출세의 수단으로 삼으며, 학연에 얽매이고, 내 자식만 잘 되면 된다는 생각, 유교적 숭문주의 등 우리 교육을 왜곡시키고 있는 많은 국민들의 잘못된 의식과 이런 의식을 부추기는 정의롭지 못한 사회구조를 바로 잡아 주소서.

아이들을 이용해 돈을 벌려는 음란 · 유흥 · 매춘 산업들이 이 땅을 발을 붙이지 못하게 하시고, 어른들이 아이들의 교육에 대한 공동의 책임감을 가지고 아이들을 선도하는 분위기가 자리잡게 하소서.

아이들에게 막대한 영향을 미치는 대중 스타들과 대중 문화 종사자들, 방송과 언론 기관들에게 도덕성과 교육적 마인드를 더 하소서. 이들이 단지 돈이나 인기에 집착하지 않게 하시고 자신들이 아이들에게 미치는 영향력을 고려할 줄 아는 안목을 갖게 하소서.

교회를 위해

교회가 다음 세대에 대한 교육에 관심을 갖게 하소서. 한국 교회가 어른 중심과 외적 성장 제일주의에서 벗어나, 교인들의 가치관이 변하며, 가정이 바로 세워지며, 부모가 자녀의 올바른 신앙 성장을 위해 최선을 다하는 일에 노력하게 하소서.

교회의 주일학교 가운데 영적인 능력을 더하소서. 짧은 시간이지만 이 시간을 통해 아이들이 하나님을 만나며 영적인 성장이 일어날 수 있게 하소서. 교회 교육 종사자들과 교사들에게 하늘의 위로를 더하시며 지치지 않고 지속적으로 아이들의 영혼을 위해 헌신하게 하소서.

교회가 학교에 관심을 가지고 학교로 들어가는 선교를 하게 하소서. 교회가 지역의 학교를 품고 기도하며 그 학교 학생들의 경제적·영적 필요를 채워주며, 기독교사와의 협력을 통해 학교에 들어가 아이들을 전도하고 양육하는 길을 터 가게 하소서.

한국 교회 가운데 그 동안 교회가 한국 교육의 모순을 거스르지 못하고 오히려 이를 신앙의 이름으로 확대 재생산했던 과오를 회개하며 이제 고쳐가려는 움직임이 일어나게 하소서. 그리고 이러한 움직임이 한국 국민들의 교육에 대한 잘못된 가치관을 고쳐나가는 기폭제가 되게 하소서.

기독교사 운동을 위해

기독교사운동이 우리 교육과 교회를 새롭게 하며, 교육계를 보수하는 운동이 되게 하소서. 이 운동에 참여하는 기독교사들에게 성령의 충만과 위로와 능력을 더하시고, 이들이 학교에서 기독교사의 삶을 통해 복음의 열매와 능력을 드러내게 하소서.

좋은교사운동이 우리 교육계의 새로운 흐름으로 정착되게 하소서. 가정 방문, 일대일 결연, 수업 평가 캠페인을 통해서 우리가 아이들 세계 속으로 더 깊이 들어가게 하시며 교육계에 신뢰가 정착되게 하소서.

기독교사연합의 여러 모임 위에 주의 은혜를 더하소서. 15개 교사 단체와 100여 개의 지역 모임이 활성화되어 더욱 많은 교사들이 기독교사로 훈련되게 하시고, 6개의 전문연구모임의 연구 활동을 통해 기독교사들의 전문성이 신장되며 교육에 기여하게 하소서.

기독교사연합이 펴내는 월간 '좋은교사', 단행본, 기독교사모임 교재, 예비교사를 위한 책 등이 교사들의 필요를 채워주는 좋은 책으로 만들어지게 하소서. 이 책들이 널리 보급되어 보다 많은 교사들이 읽게 하시고, 이 책을 읽는 교사들의 마음이 새롭게 되며 교육에 도움을 얻게 하소서.

3. 기독교사단체 소개

교사 선교회

교사선교회는 '하나님이 당신을 교사로 부르셨다' 는 사명의식을 가지고 주재권, 양육, 공동체, 개척이라는 네가지 핵심 가치를 붙들어, 교사에게는 소명을, 제자에게는 꿈을, 교육에는 희망을 비전으로 삼아 사역한다. 9개 지역에 교사모임과 교대 예비교사모임이 있다. (홈페이지 tem21.or.kr 홍세기 011-9335-3924)

교직자선교회

전남 지역을 중심으로 1995년 8월 8일 시작된 초중고 교사들 모임으로 광주 전남 지역의 신우회 결성, 학생 제자양육, 광주 지역에 화요 기도 모임 개척, MK 사역에 관심을 갖고 있으며 광주 및 전라남도 14개 지역에서 지역모임을 운영하고 있다. (홈페이지 www.sctm.compuz.com 이영욱 011-618-7603)

기독교사회(TCF)

1980년 나덕영 호주 선교사님이 시작하고 하였고 한국 기독 학생회(IVF) 학사 운동의 도움을 받아 초교파적으로 모인다. 매주 1회 개인 성경 연구 훈련, 교육 현장 사례 나눔, 기독교 교육관 확립, 중보 기도회 등의 순서로 지역모임을 진행하며 '어떤 교사가 될 것인가' 등을 중심으로 한 다수의 번역 소책자를 출간했으며, 전국 17개 지역에서 모임이 진행되고 있다. (홈페이지

tcf.or.kr 박은철 019-271-3606)

기윤실 교사모임

기독교 윤리 실천운동의 정신을 학교 현장에 적용하기 위해 1992년 10월 1
일 시작되었으며 학교 현장에서 부딪히는 모든 문제에 대한 기독교적 분석과
대안을 만들고 이를 개선하기 위한 운동을 하는 것에 주력하고 있다. 지역모
임과 분과모임을 중심으로 활동하고 있으며 '기독교사학교' 등 다수의 자료
집이 있다. 16개 지역모임이 운영 혹은 개척 중에 있다. (홈페이지
eduhope.or.kr 노규호 011-9091-9668)

기학연 교육연구모임

삶과 학문의 전 분야에 하나님의 주권과 영광이 확인되도록 하자는 '기독교
학문 연구회'의 정신을 따라 교육을 연구하는 모임으로, 기독교적 교육과정
연구 및 자녀와 부모가 함께 하는 '새롬학교' 등을 개최해왔다. 격주 토요일
(4시) 강변 교회(영등포구 양평동 5가 Tel 676-5520)에서 모임을 가지며
'교실에서 주님과 동행하십니까?(IVP, 번역)' 등 다수의 자료집을 발행했다.
(홈페이지 www.kcsi.or.kr 서화진 02-502-6113)

루디아 어린이 선교회 교사모임

여 성도들이 아이들에게 성경말씀을 읽게 하기 위한 목적으로 1976년 12월
시작된 루디아 어린이 선교회 소속 교사들의 모임으로서, 루디아 교사중보기
도모임 및 전국초등기독교사모임을 정기적으로 개최하고 있으며, 전국 초등

학교 교사를 통해서 '말씀과 함께'라는 어린이 매일성경읽기 교재를 초등학교에 보급하는 활동에 주력하고 있다. (홈페이지 www.lydia.or.kr 김민숙 011-9773-6380)

성서교육회

1984년 8월 한국기독대학인회(ESF) 학시 수양회에서 모임 시작, 예수 그리스도의 인격을 닮은 교사상, 성서교육 원리에 입각한 교육의 실현, 성서적 교직 풍토의 구현을 목적으로 운영되고 있으며, 월1회 각 지구별(부산, 전주, 광주 등)로 모여 성경적 교육관 연구 및 나눔, 성서 연구가 진행되고 있으며, 전국 6개 지역에서 모임을 운영하고 있다.
(홈페이지 www.goodteacher.org/bibedu 신병준 016-421-9178)

성서유니온 교사모임

1867년 영국에서 시작된 어린이 선교회를 모태로 해서 시작된 한국의 성서유니온(Scripture Union) 교사모임. 모단체 성서유니온의 '청소년 매일성경'을 통해 학생 교사 큐티 사역에 힘쓰고 있으며, 각 지부를 중심으로 현직교사들 중심의 학교사역위원회를 통해 성서유니온의 방법론으로 학교사역을 감당하고 있다. (홈페이지 www.su.or.kr 박명섭 02-2202-0091)

CCC 교사모임(JEMO)

CCC의 선교활동을 학교 현장에 접목고자 CCC 출신 초중고 기독교사들이 중심이 되어 시작된 모임으로서, 전국 10여개 지역에 교사모임이 운영 중에 있다. 매년 어린이.청소년 제자 캠프와 교사 캠프를 운영하고 있으며 MK 단기 캠프사역 및 교사 선교사 파송에도 힘쓰고 있다. (홈페이지 jemo.kccc.org 정찬규 019-9101-8950)

알리온 어린이 선교회 교사모임

'어린양' 이란 뜻의 알리온은 한국교회의 주일학교 부흥을 회복하도록 1986년 창립되어 전국 교대, 신학대를 중심으로 동아리 활동을 전개하고 있으며, 교대 졸업후 초등학교에 '선교교사' 라는 이름으로 교사를 파송하며, 어린이 전도와 관련된 다양한 사역에 힘쓰고 특히 '어린이 성 지키기 서약식' 등을 통해서 건강한 성문화를 만들어 가기 위해 힘쓰기도 한다. (홈페이지 www.arnion4kids.com 김청호 목사 011-219-4320)

예수제자운동 교사모임

젊은이들을 대상으로 제자사역과 가족공동체 사역 등의 활동을 하고 있는 예수제자운동(JDM)의 교사모임으로서, 방학을 이용하여 교사수련회와 교대 사역 및 선교사 자녀 돕기 사역에 힘쓰고 있다.
(홈페이지 www.jdm.or.kr 류경자 017-270-7542)

창조과학회 교사연합

자라나는 학생들에게 진화론의 문제점과 창조론의 과학성을 알리기 위해 창조과학회 소속 교사들을 중심으로 구성된 모임으로, 생물교과서 교육과정에 창조론 수록하기 운동, 창조론의 관점에서 교육과정 개발 및 교사 훈련 사역에 힘쓰며, '창조는 과학적 사실인가' 등의 단행본을 발간했다. (홈페이지 www.kacr.or.kr 이광원 011-726-3860)

청소년 제자선교회

청소년들에게 복음을 전하고 제자삼는 사역을 위해 1991년 현직교사를 중심으로 모단체인 DCF(제자선교회)의 한 지부로 시작된 모임으로, 그 이후로는 졸업한 학생들을 양육하고 그들에게 비전을 심어주기 위한 다양한 문화 사역 및 전도 사역을 시행하고 있다. 「청소년 양육교재1,2,3,4」 등을 중심으로 양육 단행본을 발간하고 있다. (홈페이지 freechal.com/ydcf 강수환 017-365-7434)

한국교사학생선교회(KTSM)

초·중·고등 학교 등 교육 기관에 종사하는 교사들과 교육받는 학생들을 대상으로 선교·양육하는 것을 목적으로 설립되었으며, 매월 둘째 목요일에 소속 교사들의 정기 모임을 통해 학교 활동 점검 및 재무장, 중보기도 시간을 가지고 있다. '그리스도 안의 새 생활' 등을 중심으로 하는 자료집이 개발되어 있다. (홈페이지 www.ktsm.or.kr 최승호 0505-911-0691)

God Teachers (전, 후세대 선교회)

1989년에 창립되어 예비교사(교대, 사대) 전도 및 양육, 학교 현장의 교사 전도 및 기독교사 훈련, 어린이 디모데 훈련 및 캠프 개최하고 있으며 예비교사들과 기독교사를 위한 신앙 수련회를 개최하고 있고 경남 10여개 지역모임이 활동 중에 있음. (홈페이지: godteachers.net/ 연락처: 경남 진주시 신안동 13−13 4층(T. 055−745−7987), 대표: 정영찬 목사(011−593−3790)

4. 전문연구모임 소개

교사문화예술연구회

기독교사들 가운데 영화, 사진, 미술, 음악, 연극 등 여러 장르에 걸쳐 문화 예술 활동에 관심이 있는 교사들의 나눔을 위해서 시작된 모임이다. (홈페이지 http://gtcafe.godpeople.com/culture 류주욱 016-460-9856)

기독교학교연구회

기독교적 교육 철학과 교육과정에 바탕을 둔 기독교학교 설립을 목적으로 시작된 연구모임으로서, 한국적 상황에서 적절한 기독교학교 모델 개발 및 기독교 교육과정 개발 및 기독교학교 설립 지원에 힘쓰고 있다. 「우리가 꿈꾸는 기독교 학교(도서출판 예영)」등의 단행본을 발행했으며, '아세아연합신학대학 교육연구원'에서 정기모임을 진행하고 있다. (홈페이지 www.dream-project.or.kr 임태규 017-215-0579)

깨끗한 미디어를 위한 교사운동

청소년 문화의 핵심에 있는 사이버 문화, 대중 문화를 중심으로 상황을 분석하고 연구하여 다른 교사에게 정보와 대안을 제공하고자 시작된 모임이다. 그동안 '교사미디어아카데미'를 통해서 교사들을 교육시키며, Youth Patrol(청소년 정보감시단) 활동을 전개하여 호평을 받았으며, 최근 학생 미디어 운동 모임인 '깨미깨비(깨끗한 미디어를 위한 깨끗한 청소년 비평단)'를 조직하여 미디어 감시 비판운동의 좋은 모델을 제시하고 있다. '생각을 키우는 미디어 수업' 등 다수의 단행본 혹은 자료집을 발행하였다. (홈페이지 cleanmeadia.njoyschool.net 옥성일 017-279-2678)

수학 교과 연구모임

기독교 세계관에 근거하여 수학 교과 연구를 시작하고자 하는 취지로 시작된 모임으로, 월 1회 정기 모임을 통해 수업 자료와 연구 성과들을 나누고 있다. (홈페이지 http://gtcafe.godpeople.com/mathingod 김윤권 016-9238-9121)

국어 교과 연구모임

기독교 세계관에 근거하여 국어 교과 연구를 시작하고자 하는 취지로 시작된 모임으로, 정기 모임을 통해 수업 자료와 연구 성과들을 나누고 있다. (홈페이지 http://cafe.godpeople.com/ jesuskorean 김재균 011-308-5371)

협동학습 연구회

기독교적인 교수방법을 연구하고 교사들의 교수방법을 개선하기 위한 교과 연구 모임으로, 협동을 강조하는 협동학습 연구를 통하여 수업방법 개선을 추구하고 있다. 최근 협동학습을 방법론으로 다양한 교과연구모임도 준비중에 있으며, 교사 대상 연수와 연구모임을 진행하고 있으며, 교직단체 및 교육전문기관과 활발한 교류 협력이 이루어지고 있다. 『아이들과 함께 하는 협동학습』외 다수의 자료집이 개발되어 있다. (홈페이지 educoop.njoyschool.net 김현섭/서울011-202-1359 , 나애경/부산 · 양산 011-9509-6743)

5. 지역교사모임 소개

지역	대표	학교명	핸드폰	메일	지역	대표	학교명	핸드폰	메일
강원강릉	이whatmoon	강원농공고	016-355-4472	lhmoon60@hanmail.net	대전	조지혜	송촌초	016-284-2502	shineworld21@hanmail.net
강원동해	정해선	광희고	016-9332-2912	jung-hae-sun@hanmail.net	대전	임대열	갈마초	016-456-7284	dy7284@goodteacher.org
강원삼척	권일한	삼척초		shaddai7@hanmail.net	대전대덕공주	조지연	홍룡초	019-411-3135	angeljo@hanmail.net
강원속초고성	이상기	거전중	019-372-6703	leeabsk@chollian.net	부산	김승민	명장초	011-593-8538	kisjusun@hanmail.net
강원영월	윤승균	석정여고	011-363-0150	yskn0150@chollian.net	부산	허정배	금곡중	017-855-2774	HURBAEK@chollian.net
강원원주	임영규	전광고	018-510-1664	limygstar@hanmail.net	부산	정태근	가명초	019-503-7276	jtg0907@hosanna.net
강원철원	권미영	폭포초	011-9765-4938	potty-2@hanmail.net	부산	심은희	부곡여중	011-586-5107	GRACE90@chollian.net
강원정원	류경자	신월원중	017-270-7542	jdkj74@jdm.or.kr	부천	이세용	계남초	017-288-8764	yong8789@hanmail.net
강원춘천	이경련		018-268-8876	cellolkm@hosanna.net	서울	권한영	무학초	011-9784-8165	ijubaraki@hanmail.net
상륙춘선	나양규	운천중	016-9221-8803	pyg66@chollian.net	서울	서회린	개포교	010-317-6113	naru77@chollian.net
강원태백	이채섭	황지정보산업고		holy0119@hanmail.net	서울	김민수	원묵초	011-9773-6380	lda34@netian.com
강원평창	권윤경	대화초	011-9799-1943	promise500@hanmail.net	서울	최경미	응암초	018-316-9309	chkm75@hanmail.net
강원홍천	이병수	초		chang1999@kebi.com	서울	김정호		011-219-4320	arnionkim@hanmail.net
강원횡성	박광수	성북초	018-252-9334	vevefamily@hanmail.net	서울	오승원	하남고	016-248-0969	osw057@hanmail.net
경기1광	남승림	화수고	017-722-7433	sforest@hitel.net	서울	강수환	장평초	017-365-7434	fe99201@unitel.co.kr
경기광명	이경희		011-287-5683	ohmy-j@hosanna.net	서울	마병식	소년의집초	017-392-3368	jlm313@unitel.co.kr
경기근파주	김대진	고양회고	016-226-4100	kids21@empal.com	서울	권석형	대길초	016-203-5061	psalm425@hanmail.net
경기김포	이병환	강화어울고	019-203-6497	thayhoan@hanmail.net	서울	박진수	감사	018-203-1402	pjinsoo@kccc.org
경기남양주	이민정	양정초	011-641-7184	hocher@hosanna.net	서울	양정석	개포고	019-384-2934	yjs640@chollian.net
경기동두천/포천	이재일	경민중	011-839-6327	jaeillee@godpeople.com	서울	최영실	상도중	016-336-6207	hamuri@hanmail.net
경기부천	곽행기	고강초	019-9101-3120	peter@hosanna.net	서울강남	이상일	안양초	011-9869-4931	paul231@hosanna.net
경기부천/시흥	김수진	금모래초	019-229-5752	ruth35@hanmail.net	서울강동	이은경	신구중	019-236-3287	lej0827@hanmail.net
경기북부	최종연	회룡초	017-516-2159	jong4u@hosanna.net	서울강북	류주완	면목초	017-282-0610	ryujohn@hosanna.net
경기성남/용인	정구영	이매초	019-257-8854	jayoungung74@hanmail.net	서울강북도봉	정청근	청파초	016-284-2739	32Chang32@hanmail.net
경기성남광주	조준	이매초	016-278-3810	hairs@hosanna.net	서울강서양천	정병오	양화초	019-251-1633	jungpaul@chollian.net
경기수원	이승현	기안초	016-226-0791	gilbert@hosanna.net	서울관악	윤소영	문래초	018-427-6335	smallroad@hanmail.net
경기수원	신동준	유신고	019-201-7903	djsin@chollian.net	서울노원	이강은	인덕표교	016-574-7231	21frontier@hanmail.net
경기수원	신인호	인성초	019-9102-2551	shino2000@hanmail.net	서울노원	임종화	영신여실고	018-305-3509	gomong@chollian.net
경기안산	김신철	심곡초	017-717-2390	cheery01@hanmail.net	서울서부	양혜련	신서초	017-4172-5000	yangyang-75@hanmail.net
경기안산	이광표	경일고	019-353-4233	phyo11@chollian.net	서울중랑	천무현	영신여고	016-207-4172	1000mu@hanmail.net
경기안양	이정현		011-9761-0646		울산	전용기	온양초	019-9149-7986	hoo5@netian.com
경기안양안산	김성천	과천중앙고	011-9799-0679	SKC22@netsgo.com	울산	이재원	약수초	016-698-9101	sipeter@ccc.hosanna.net
경기의정	류재숙	전곡중고	011-388-9501	joycjw@hanmail.net	인천	서정자	용일초	019-339-1342	tem80@hanmail.net
경기의정부	신면경	발곡초	017-854-1110	75grace@hanmail.net	인천	김홍권	대헌공고	011-741-5326	jiizus@hanmail.net
경기의정부	노규호	서울영신여고	011-9091-9668	rkh88@hanmail.net	인천남부	최일	조동초	011-9721-2469	djwpah@hanmail.net
경기이천	강영진	가산초	016-545-5838	kyj@hosanna.net	인천부평계양	정철모	가좌중	018-751-5004	eduhope@hanmail.net
경기평택송탄안성	소종화		011-205-6805	withna@chollian.net	인천북부	심영진	산곡남초	011-9771-1975	hisbride@hosanna.net
경남거제	김최진	거제고	011-865-2148	inlovekhj@goodteacher.org	인천제물포	양은영	인화여고	016-260-9938	tttbird@chollian.net
경남마창	염석일	마리초	011-9504-8939	ysii@dreamwiz.com	전남광양	최영빠	광양초	018-791-6722	choiyh6722@hanmail.net
경남진주	서진호	지수초	016-741-2996	seohhh@freechal.com	전남순천	유영완	매산초	011-621-1737	yoo7574@hanmail.net
경남김주	정영완		011-593-3790	CYCHAN@CHOLLIAN.NET	전남장흥	관낙훈	관산초	016-615-8042	k-shoon@hanmail.net
경남창원	류주욱	봉곡중	016-460-9856	mysoul@goodteacher.org	전북전주	왕지연	서원초	011-672-7091	wang@hosanna.net
경북경주	김정태	양정초	018-845-7071	jsjt2@hanmail.net	전북전주	전형일	순정제일고	011-9896-0812	JEONHI@chollian.net
경북상주	조정욱	안동여고	011-483-5835	joyok@goodteacher.org	전북전주	신병준	신흥중	016-421-9178	kjvsbj@hanmail.net
경북울릉	이윤정	우산초	011-9582-1687	kbeo4p21@hanmail.net	제주	고류경	삼양초	016-691-7960	lionine@hosanna.net
경북포항	손지원	기북중	017-522-5882	richlife@chollian.net	제주	오승연	남광초	016-685-3895	edu910@hanmail.net
광주	김창호		016-683-1131	peacemaker333@hanmail.net	충남천안	노장권	천안공고	019-410-6853	for10@chollian.net
광주	고경진	임곡초	016-642-2771	kjko7@hanmail.net	충북난양	노두반	경륜초	016-401-7468	deitro@daul교육.net
광주	이세희		011-9666-8674	cccbeauty@hosanna.net	충북북제천단양	정흥순	단양교	011-467-4121	misoolsem@hanmail.net
대구	이아영		016-9222-7445	lw03@netian.com	충북제주	김윤모	배다니학교	011-9407-7112	badany10@hanmail.net
대구	노연경	장곡초	019-524-0725	dpnoyk@hosanna.net	충북청주	엄상희	대전초	016-477-7391	mkfruit@hanmail.net
대구	신재식	영송여고	019-504-5821	Paul00@chollian.net	충북청주	유명주	교원대	016-238-1492	sunysing@hosanna.net
					충북청주	신승빈	충주중	011-9424-1204	duriran@hanmail.net

기독교사연합을 소개합니다

1970년대 중반부터 기독교사들의 모임이 일어나기 시작했습니다. 1990년대 들어오면서 연합에 대한 시도가 있다가, 1995년 이후 연합이 본격화되었습니다. 현재는 15개 교사단체와 100여 개의 무소속 지역 모임, 6개의 전문연구 모임이 소속되어 활동하고 있습니다.

아이들과 교사들에게 복음을 전하고 양육합니다
교사단체와 지역모임을 통해 영적인 힘을 공급하고 아이들과 교사들을 전도하고 양육할 수 있도록 훈련하고 격려하며 기도합니다.

'좋은교사운동'을 전개하고 있습니다
기독교사들이 하나님이 주신 사명감 위에 아이들과 교육에 더 헌신함을 통해 전체 교사들의 변화를 가져오게 하는 운동입니다. 현재 30가지 실천지침들의 개인적 실천과 4가지 캠페인(가정방문 · 일대일 결연 · 스스로 평가 받기 · 교육을 위한 중보기도)을 공동으로 실천하는 운동을 펼치고 있습니다.

교육활동에 대한 기독교적 방법론을 연구하고 실천합니다.
교사단체와 지역 모임을 통해 학급운영과 생활지도를, 전문연구모임을 통해 청소년문화와 미디어 수업, 협동학습과 기독교적 교과지도, 교사문화와 교육정책, 기독교학교 등에 대해 연구하고 실천하며, 그 성과를 나눕니다.

월간잡지, 자료집, 단행본, 홈페이지를 통해 자료와 정보를 보급합니다.

월간 '좋은교사', 자료집, 단행본 등을 통해 개별 기독교사와 지역 모임을 돕고 있으며, 좋은교사의 정신을 확산하고 기독교사연합의 연구성과를 보급하는 역할을 하고 있습니다.

학교 내 기독교사모임과 지역모임을 돕습니다.

모임에서 사용할 수 있는 교재와 교육과정 보급, 리더 훈련, 좋은 사례 소개 등을 통해 학교 내 기독교사모임과 지역모임이 든든히 서 가는 것을 돕습니다.

예비교사들이 좋은 교사로 준비되어 가는 일을 돕습니다.

예비교사들이 대학생 때부터 기독교사에 대한 분명한 소명감을 가지고 영성과 전문성을 갖추어가며 공동체를 배울 수 있도록 자료와 훈련의 기회를 제공합니다.

교회와 선교를 도우며, 통일을 준비합니다.

교회가 학교와 아이들을 돕고 섬기며 이를 통해 아이들을 전도해 갈 수 있도록 '학교교육주일 지키기', '중보기도운동', '교회와 기독교사의 협력을 통한 학교 진도' 등을 펼치고 있으며, 선교사 자녀를 돕는 장·단기 선교 사역 및 통일을 대비한 준비도 하고 있다.

이렇게 참여하십시오

1. 이 운동을 위해 기도해 주시고 주위(소속학교, 교회)에 알려주십시오.

2. 여러분이 교사가 되면, 기독교사들을 중심으로 진행되는 "좋은교사운동"에 적극적으로 참여하고 각종 단체와 지역모임에 참여하여 활동하십시오.

3. "예비교사 길라잡이"의 실천 지침을 자신의 상황에 맞게 창조적으로 적용하여 실천해 주시고, 주변 친구들에게도 권하십시오.

4. 1만원 후원회원이 되어 주십시오.

  매월 1만원을 후원하시면 월간 "좋은교사"와 기독교사운동의 최신 정보가 제공됩니다.

5. 교회와 동료들에게 월간 "좋은교사" 정기 구독을 권유해 주십시오.

후원계좌(예금주 : 김덕기)

국민 : 633-21-0220-071

우리 : 034-415493-02-001

농협 : 550-02-012485

조흥 : 974-04-133308

신한 : 406-12-173062

하나 : 509-910008-49708

우체국 : 703512-0131996-11

연락처 주소 : 서울시 관악구 봉천4동 1571-19 대일빌딩 3층 / 전화 : 02-876-4078,9 /
   팩스 : 02-883-2177

홈페이지 www.goodteacher.org / 예비교사 카페 : gtcafe.godpeople.com/fresh

이메일 kact@chollian.net, goodteacher@goodteacher.org